# · ESPRIT ·

Comprendre le monde qui vient

212, rue Saint-Martin, 75003 Paris
**www.esprit.presse.fr**

**Rédaction :** 01 48 04 92 90 - redaction@esprit.presse.fr
**Ventes et abonnements :** 03 80 48 95 45 - abonnement@esprit.presse.fr

**Fondée en 1932 par Emmanuel Mounier**

# À plusieurs voix



# Leçons rwandaises

# Varia



# Cultures

## *Éditorial*

# UNE AUTRE CAMPAGNE

Par un hasard malencontreux du calendrier électoral, la France est en train de passer, sans transition ou presque, d'une crise sanitaire inédite à une saison d'élection présidentielle. Élection dont on sait le poids démesuré, dans la Ve République, sur la vie politique.

On aurait pu croire que la pandémie, en ébranlant toutes les dimensions de notre vie sociale, conduirait notre classe politique à reformuler en profondeur ses visions de l'avenir et ses priorités. Entre l'écologie, la santé, les inégalités sociales et le pacte entre les générations, en passant par l'avènement d'une société du tout numérique, les sujets qui appellent autant de nouveaux diagnostics que de nouvelles réponses ne manquent pas. En regard pourtant, voici que les candidats – déclarés ou présumés – nous parlent de *« sécurité, première des libertés »*, de *« souveraineté juridique retrouvée »* en matière de frontières et de migrations, et de doublement du droit de vote pour les propriétaires de résidence secondaire aux municipales. Sans compter l'effet de parasitage, efficace puisque tous les médias en parlent, de polémiques aussi éphémères qu'indécentes, par exemple sur les prénoms des enfants français.

Les derniers dix-huit mois n'auraient-ils été qu'une parenthèse, à peine ouverte qu'aussitôt refermée ? Notre débat politique ressemble à ce personnage de Georges Simenon dans *Les Anneaux de Bicêtre*, le magnat de la presse René Maugras, qui se réveille paralysé sur un lit d'hôpital après un accident vasculaire cérébral. Entamant son examen de conscience, il se promet de changer radicalement son mode d'existence s'il en réchappe. Mais cette promesse s'émousse à mesure qu'il se rétablit, et les dernières pages du roman le voient reprendre sa vie d'avant. La reconduction du même est une tendance lourde, dans l'existence individuelle comme dans la vie collective. Nous aimons à nous croire capables de changement, à un horizon qui ne nous engage finalement pas. Et même quand se produit l'« accident », la prise de conscience qui en résulte échoue trop souvent à se traduire dans la réalité.

La campagne de la présidentielle à peine entamée, voici que l'on juge déjà trop « radicaux » celles et ceux dont les propositions en matière de transformation sociale, parce qu'elles bousculent les habitudes héritées, l'opinion publique ou les institutions, ne seraient pas crédibles. En face, la responsabilité reprend le visage familier du « réalisme », seul à même d'intégrer les paramètres sociaux, économiques ou politiques dans un programme raisonnable et rassembleur. Mais est-il bien responsable ou réaliste aujourd'hui de ne pas s'attaquer, *radicalement*, au désastre écologique, alors que les rapports du GIEC enchaînent les constats et les prévisions de plus en plus alarmistes ? Aux inégalités de richesses et de développement, quand les risques sanitaires et environnementaux sont si mal répartis ? Il existe bien en ce moment, à gauche comme à droite, une prime aux extrêmes : discours décomplexés et déclarations à l'emporte-pièce alimentent un courant continu de commentaires et de *hashtags*. Mais c'est de provocation, de démagogie ou de clientélisme électoral qu'il s'agit, plus que de radicalité. On peine pendant ce temps à voir émerger les débats qui interrogeront, *à la racine*, les causes de la crise dont nous ne sommes pas encore sortis : nos modes de production et de consommation, nos façons d'habiter, de travailler ou d'organiser la solidarité. On se désolera ensuite de constater que les citoyens, les jeunes en particulier, votent de moins en moins.

Il ne s'agit pas de croire ou de faire croire ici que les solutions aux défis qui sont devant nous seraient univoques, ni qu'elles seraient déjà sur la table, portées par un ou une candidate en particulier. Sur tous ces sujets, il existe des réponses politiques distinctes, que la délibération démocratique doit permettre de préciser, et entre lesquelles il faudra trancher. Nous sommes en droit en revanche d'exiger que soient posées aux électeurs les bonnes questions. À défaut d'un autre monde, une autre campagne électorale est possible.

*Esprit*

# À PLUSIEURS VOIX

# BELMONDO, LE CARNAVAL À LUI TOUT SEUL

***Olivier Mongin***

Sacré Belmondo, on l'a beaucoup aimé avant de ne plus trop l'aimer. Pour beaucoup il y a deux Belmondo. Le premier, c'est celui d'*À bout de souffle* et de *Pierrot le fou*, le Belmondo version Godard qui voyait en lui un comédien digne de succéder à Michel Simon et à Jules Berry, le Belmondo dont François Truffaut disait qu'il était le plus grand comédien européen et qu'il pouvait jouer tous les rôles. Le second Belmondo, c'est celui qui pratique l'« échappement libre » (*Échappement libre* est le titre d'un film parodique où il retrouve Jean Seberg et s'envole pour Beyrouth), le Belmondo qui part à Rio ou en Chine pour sauver une fiancée ou pour échapper à la dépression. Ce Belmondo valse entre le réel et la fiction au rythme de scénarios qui lui correspondent à merveille. Belmondo est vite devenu Bebel, une bouille, un personnage truculent, un chahuteur, un aventurier, un casse-cou, un cascadeur, un séducteur impénitent. Là où Delon, le comparse et ami de *Borsalino* – qu'ils produisent ensemble – ne peut être que l'acteur Delon, la star qui ne cesse d'être Delon, Bebel est un comédien qui joue « à la Belmondo » mille rôles sans se prendre pour l'acteur Belmondo. Là où on le voulait anarchiste, l'envers d'un bourgeois bien né, celui qui fait un bras d'honneur au jury d'un Conservatoire de théâtre alors très académique, Bebel invente un personnage de cirque dans les comédies de Philippe de Broca – dans *Cartouche*, un film de cape et d'épée, il incarne un gentil brigand épris de Claudia Cardinale –, ou qui se perd dans les invraisemblables sagas de Claude Lelouch, avant de devenir son propre producteur. Bebel suit un parcours fléché, celui de L'*Itinéraire d'un enfant gâté* (Lelouch), un enfant gâté dont le père est dans la vie un sculpteur membre de l'Académie des beaux-arts, un enfant gâté qui a reçu après sa mort les hommages de la République dans la cour des Invalides. Tel est le second Belmondo, celui qui fait la nique à son milieu et est orfèvre en plaisanteries graveleuses sur les plateaux, mais aussi celui qui serre dans ses bras les stars féminines, à l'instar d'une Ursula Andress que l'on croyait réservée à James Bond. À ce second Belmondo, fier de son succès, les critiques de cinéma nostalgiques de Pierrot le fou vont reprocher de chercher le grand public et les honneurs… et de brader sa carrière.

## Un comédien biface

Ce scénario des deux Belmondo est pourtant contestable. C'est ne pas voir qu'il y a un seul Belmondo, un Scapin à la bouille de boxeur qui finira par remonter sur scène pour jouer le Kean de Sartre et le Cyrano de Rostand. Celui qui n'a pas pris le relais de Gabin avec lequel il délire dans *Un singe en hiver* n'est pas seulement l'artiste légendaire des années *vintage* qui découvrent la liberté sexuelle, les voitures décapotables et les voyages aux quatre coins du monde, les danses sud-américaines ; il symbolise une époque où l'on veut d'autant plus s'amuser que l'on sait que le monde ne va pas au mieux et a besoin de cacher ce qui va mal.

Belmondo, c'est le carnavalesque à l'état pur, le clown qui oscille entre la comédie et la tragédie. Il n'en finit pas de faire des pieds-de-nez à tout son monde de petits et grands bourgeois sans oublier que Pierrot le fou a vite fait de perdre la raison. Il veut aller de haut en bas et de bas en haut, il veut casser la baraque tout en conservant un large public. En bon comédien carnavalesque, notre Scapin est un Protée qui se métamorphose et change de costume ou de faciès à tout bout de champ, il peut se prendre pour un grand coquin ou un paumé, pour un malin ou pour un morfalou. Il n'y a pas deux Belmondo, mais un seul Belmondo, un comédien biface qui avance sur la corde comme un funambule qui ne craint pas de se casser la figure. Flic ou voyou, voyou ou flic, il sait d'où il vient, il ne fait pas semblant de se prendre pour une petite frappe à la Depardieu. Belmondo est simultanément Pierrot le fou et Bebel, il peut se moquer de son monde de bourges mais il ne fait pas croire qu'il est un loubard.

Deux films mettent en scène ces deux Belmondo, ce sont *Stavisky* d'Alain Resnais et *Le Voleur* de Louis Malle. *Stavisky* repose sur un scénario projetant la lumière sur un financier qui se laisse prendre à son propre jeu, et se suicide après avoir provoqué un scandale historique. Dans *Le Voleur*, Belmondo joue Randal, un voleur auquel Georges Darien fait dire : « *Il y a des voleurs qui prennent des précautions pour ne pas abîmer les meubles. Moi, pas. Il y en a d'autres qui remettent tout en ordre après leur visite. Moi, jamais, Je fais un sale métier, mais j'ai une excuse : je le fais salement.* » Belmondo le fou aime pénétrer salement chez les siens pour casser les vitrines et éventrer les coffres-forts où ils planquent leurs trésors et leur argent.

## Le rituel carnavalesque

Voilà tout Belmondo, un Pierrot le fou qui, pour ne pas sombrer dans le nihilisme, s'amuse à détrousser les bourgeois. Belmondo pratique le rituel carnavalesque à la perfection, avec ses mimiques, sa langue ironique et une mobilité corporelle inouïe : un jour il est en haut, avec les patrons, un autre jour il est en bas, avec les petits, il fait riper le haut et le bas, le bourge et le malfrat. Mais il ne fait pas semblant de s'installer en bas, Pierrot le fou met le feu à l'intérieur, il ne fait pas croire qu'il a quitté son monde, celui dont il casse les décors et les prétentions. Voilà pourquoi on l'aime : un fils de famille qui aime faire l'imbécile et qui revient au bercail après avoir fait la fête. Pourquoi s'étonner alors que la République n'ait pas rechigné à vanter Belmondo et avec lui le monde du cinéma qui a, lui aussi, écrit l'histoire du XX^e^ siècle sur des écrans ? Il n'y a pas deux Belmondo, mais un seul, celui qui sait qu'il peut renverser les rôles et les tables, jouer l'envers et l'endroit, tout en sachant d'où il vient.

**Il se jouait « à la française » de la tragédie du monde.**

Belmondo aimait *Le Voleur* de Georges Darien ; *Voyage au bout de la nuit* de Céline était son autre livre de chevet. On raconte qu'il en a acheté les droits, qu'il voulait jouer Bardamu, que le populiste Michel Audiard devait rédiger les dialogues, et que Godard était pressenti pour la mise en scène. Vrai ou faux, cela ne s'est pas fait. Mais il n'y a là rien de surprenant : l'enfant gâté par la vie et soucieux de son public avait dans la tête une image pas très *vintage* de notre histoire du XX^e^ siècle. S'il tourbillonnait avec sa bande du Conservatoire, avec les Marielle et les Rochefort, il ne résumait pas le monde à un spectacle futile, et il se jouait « à la française » de la tragédie du monde, celle dont les tranchées de 14 symbolisent le début du « voyage au bout de la nuit ». Il est donc bien ridicule d'ironiser sur la cérémonie des Invalides, puisque Belmondo avait cette capacité rabelaisienne et goulue d'associer Audiard et Godard, le maître du langage beauf et le prince cinéphile. Il vivait au rythme des contraires, la musique républicaine jouée en son honneur dans la cour des Invalides a sacrément dû le faire sourire.

***Olivier Mongin***
**Ancien directeur de la rédaction d'*Esprit*, il est notamment l'auteur de *Visages de la France. Les acteurs, images d'une nation* (Bayard, 2018).**

# HIDALGO ET PÉCRESSE : LE TEMPS DES FEMMES EN HAUT DE LA RÉPUBLIQUE

***Michel Marian***

Dans une précampagne présidentielle marquée par le grand nombre des candidats à la candidature, la présence concomitante d'Anne Hidalgo et de Valérie Pécresse, qui visent à représenter les deux principaux partis de la Ve république, annonce un possible tournant dans l'histoire politique de notre pays. Elles ne sont pas les premières femmes à ce niveau, déjà atteint par Marine Le Pen et Ségolène Royal, personnalités pourtant trop singulières et trop isolées pour exprimer une avancée collective : Le Pen, fille de son père et cheffe d'un parti paria, Royal conjointe du premier secrétaire de son parti, et rejetée par les éléphants.

## Une prime aux femmes dans l'air du temps

Car Hidalgo comme Pécresse ne sont pas marginales. L'une et l'autre sont entrées dans la carrière politique à la même date, en 1997, lors de la cohabitation et de ses vifs débats sur les trente-cinq heures ou la parité. Elles ont servi l'une dans le cabinet de Martine Aubry, l'autre à l'Élysée sous Jacques Chirac. Elles ont ensuite parcouru des *cursus honorum* différents, mais comparables. Leurs progressions sont parallèles aux transformations de la société, depuis la loi sur la parité jusqu'au mouvement *#MeToo*. Elles ont désormais le profil pour gagner, demain sinon aujourd'hui. Mais pourquoi pas aujourd'hui ?

On commence à entendre que le temps est venu de porter une femme à la tête de l'État. Leur ascension présage d'une normalisation à l'échelle européenne. Le succès de l'une ou l'autre rapprocherait en effet la France de l'Allemagne où, pour succéder à la chancelière, une candidate a été choisie par les Verts quand leurs chances de gagner paraissaient sérieuses. Le retard de la France sur l'Allemagne a tenu à une ancienneté et une systématicité plus grande Outre-Rhin des choix de parité. Mais peut-être aussi au verrou symbolique de la Ve République qui, en joignant à l'onction élective le bouton nucléaire, semble faire de la présidence une fonction essentiellement virile. Le handicap des femmes, au regard de cette image du pouvoir en France, serait-il en train de se transformer en avantage ? Il n'est pas impossible que la théorisation par Emmanuel Macron de la *« verticalité du pouvoir »* provoque, en réaction, des envies de démentir cette loi salique qui ne dit pas son nom. Certains des atouts communs qui ont permis aux deux pré-candidates de figurer à ce stade de l'épreuve ont aussi à voir, indirectement, avec une image de féminité classique, assumée mais sans fracas ni surexposition.

**Toutes deux ont mis en avant leur aptitude à faire fonctionner du collectif.**

D'abord l'enracinement local, déjà caractéristique de Royal mais moqué à l'époque. Même si Pécresse a été ministre et Hidalgo pas, leur principale expérience politique est la direction d'une collectivité territoriale, donc d'une équipe, jugée sur des services et des réalisations concrètes. A joué en leur faveur la proximité entre les attentes d'un retour au local et au concret et l'image de la femme efficace, au narcissisme plus discret que celui des politiques masculins, plus portée qu'eux à laisser de la place aux autres. Les deux pré-candidates ont souligné ces traits. Elles ont fait valider par les électeurs leur aptitude à produire une politique de service à portée plus large que le *care* en vogue à l'époque de Royal, qui restait lié à une image trop traditionnelle de la féminité. Le pari n'était pas gagné d'avance pour Hidalgo, qui a assumé des choix controversés. Toutes deux ont mis en avant leur aptitude à faire fonctionner du collectif. Pécresse de façon spectaculaire en faisant, dès le début de son second mandat, voter par sa majorité le programme que celle-ci mènera à bien, libérant sa présidente pour d'autres fonctions. Mais elle a paru bien seule quand elle a posé en compagnie des poids lourds de LR, tous masculins. Hidalgo va, quant à elle, montrer le poids réel des femmes dans sa direction de campagne.

La légitimation par le concret a sans doute été accrue par la gravité que la crise sanitaire a conférée soudainement à tous les choix politiques, et la sobriété à laquelle elle a contraint en émoussant les controverses, au moins dans l'arc républicain. Les autorités locales ont été à la fois obligées à une solidarité avec le gouvernement et fondées à demander des compétences accrues. Les patronnes de la capitale et de la première région de France, les plus visibles, ont bien tenu ces deux emplois. L'une comme l'autre captent donc un air du temps, fait de réticence vis-à-vis du jupitérisme, d'avancée du féminisme et de passage obligé par le local.

## L'art politique du moment et l'usage des héritages

Mais elles ont aussi fait preuve d'une habileté personnelle, nécessaire dans une séquence où il a fallu savoir se déclarer au bon moment, et parler de la bonne place. Pour la maire de Paris, le problème à résoudre était celui de la légitimité du PS à décider seul de présenter un candidat. Le bon moment pour Hidalgo a été ouvert, après le triomphe des écologistes aux municipales de 2020 (à l'exception de sa propre victoire à Paris), par la remontée des socialistes aux régionales de 2021. Qui était le seul leader socialiste capable d'attacher les écologistes à son char, tout en leur posant des lignes rouges, sinon elle-même ? S'est ajouté à cela le ralliement de Chantal Delga, brillamment réélue en Occitanie. Le regroupement des vainqueurs des urnes (grossi par quelques autres maires de grandes villes) rendait inutile toute primaire commune avec le reste de la gauche.

Pour Pécresse, la difficulté vient de l'éclatement de son parti. Entre centristes (plus ou moins satellisés par Macron) et droitiers rêvant de rééditer le « siphonnage » de la moitié de l'électorat FN par Sarkozy en 2007. Et même entre structures de plus en plus scissipares. Elle a d'abord choisi sa place, à mi-distance du vieux parti et de ses transfuges. Elle a maintenu la région à droite sans besoin d'un retrait de la gauche ni d'une fusion avec LREM. Le moment a été celui, mi-juillet, où il est apparu que Xavier Bertrand, parti très tôt, ne conquerrait l'appui d'aucun des noyaux gaulliste, chiraquien, ni sarkozyste. La présidente francilienne pouvait désormais capitaliser sur son respect des règles.

Mais en deçà des choix du présent, leurs héritages leur apportent une crédibilité élargie. Pour Hidalgo, le chemin à suivre a été ouvert par Martine Aubry, qui appela cette inspectrice du travail à son cabinet de ministre de l'Emploi. La référence à Aubry marque Hidalgo d'un triple sceau : authenticité de gauche, réalisme et ambition réformatrice. Son bilan à Paris est à l'image de celui d'Aubry au gouvernement : fort mais controversé. Et c'est Aubry qui dit le mieux du bien d'elle : *« Elle a des convictions et passe très vite des discours aux actes. »* Pour Pécresse, la référence première est Chirac, dans sa double dimension de réformateur libéral et d'humaniste social. À l'Élysée, elle s'est distinguée par sa capacité de travail et est devenue vite députée. Elle a été ministre sous Sarkozy (qu'elle a rejoint quand cela ne signifiait plus trahir Chirac, mais simplement préférer Sarkozy à Villepin). Avec sa loi sur l'autonomie des universités, elle s'est rendue très populaire auprès des présidents d'université, tout en ayant l'habileté de faire porter les tensions entre eux et l'État sur… Sarkozy. Elle a réussi à rester proche de tous, Chirac, Sarkozy, Fillon et Juppé. Mais toutes deux ont aussi montré dans leurs campagnes qu'elles pouvaient créer des divisions, et assumer le conflit.

Iront-elles plus loin ? Elles peuvent rassembler leur camp sur leurs personnes, pas encore sur des programmes. Leur capacité à étendre leurs soutiens au-delà est limitée par la position centrale qu'occupe solidement Macron. Elles peuvent toutefois miser sur un climat qui pourrait être marqué par une dépression post-Merkel et un besoin de *leadership* féminin qui libérerait un privilège de sympathie pour elles. Il leur faudra ensuite « fendre l'armure », par exemple pour Hidalgo en montrant que le monde n'est pas noir et blanc comme pendant la guerre d'Espagne, ou pour Pécresse en sortant du style bonne élève, en partageant sa trajectoire de *« polytraumatisée »* du machisme pour éviter le sort de Hillary Clinton.

Elles se répartissent aujourd'hui une prime à la femme en politique, qu'elles seront peut-être amenées à se disputer demain. Au cours de la campagne, le féminisme peut aussi bien devenir un thème consensuel comme l'écologie, ou à l'inverse susciter des oppositions autour de la sortie du genré. Quoi qu'il arrive, elles auront marqué une avancée symbolique de la parité, voire sauvé en prime leurs partis.

---

***Michel Marian***
**Philosophe, il a récemment publié *L'Arménie et les Arméniens en 100 questions* (Tallandier, 2021).**

# LE POUVOIR DE RÉVOQUER LES ÉLUS

*Pierre-Étienne Vandamme*

L'insatisfaction d'une grande partie de la population à l'égard des partis et des élections n'implique pas nécessairement un rejet de la représentation. C'est du moins ce que révèlent un certain nombre d'études interrogeant les conceptions de la démocratie par les citoyens[1]. Ce à quoi beaucoup aspirent, c'est à une représentation de meilleure qualité, qui soit plus en phase avec les aspirations légitimes de la population. Et parmi les sources de frustration que mettent en évidence ces études, on retrouve un sentiment assez répandu selon lequel les citoyens n'auraient pas suffisamment de contrôle sur leurs représentants[2].

Outre la demande classique d'une plus grande transparence, un mécanisme de contrôle des représentants qui est pratiqué dans beaucoup de pays – notamment Pérou, certains États des États-Unis, Japon, Pologne,

1 - Voir, par exemple, Mónica Ferrín et Hanspeter Kriesi (sous la dir. de), *How Europeans View and Evaluate Democracy*, Oxford, Oxford University Press, 2016.

2 - Voir Camille Bedock, "'Citizens' contrasting aspirations about their political system: Entrustment, participation, identification and control" [en ligne], *Frontiers in Political Science*, vol. 2, septembre 2020.

Colombie, Bolivie – mais peu connu en France, est la révocation, qui permet d'interrompre le mandat d'un élu avant son terme par le biais d'une collecte de signatures, puis éventuellement d'une votation populaire[3].

Ce mécanisme, dont il existe une pluralité de variantes, date de la République romaine et a été notamment loué par Rousseau et Marx en leur temps. Alors que cette année marque les 150 ans de la Commune de Paris, beaucoup redécouvrent cet instrument démocratique qui, avec le mandat impératif, faisait partie des principes des communards et qui avait nourri en Marx l'espoir d'une représentation qui soit véritablement au service du peuple. Plus récemment, ce sont les Gilets jaunes qui l'ont remis au goût du jour. Il constitue en effet une variante du référendum d'initiative citoyenne (RIC), qui peut permettre autant de légiférer que d'annuler une loi ou de démettre un élu[4]. À chaque fois, la logique est la même : l'initiative vient des citoyens, *via* la collecte d'un nombre requis de signatures, et le dernier mot leur revient également, *via* une votation populaire (éventuellement avec un seuil de participation).

## L'indépendance des représentants

Il est important de distinguer la révocation du mandat impératif, avec lequel elle est souvent confondue. Le mandat impératif stipule précisément ce qui est attendu de la personne élue, et celle-ci peut être révoquée si elle ne fait pas ce que ses électeurs attendent d'elle. Mais si le mandat impératif est impossible à institutionnaliser sans mécanisme de révocation, l'inverse n'est pas vrai. On peut institutionnaliser la révocation sans mandat impératif, si l'on considère qu'il est important que les élus jouissent d'une certaine liberté pendant la durée de leur mandat. C'est le cas, par exemple, lorsque le mécanisme de révocation ne peut être activé qu'en cas de faute professionnelle reconnue, comme au Parlement du Royaume-Uni depuis le Recall of MPs Act de 2015. C'est le cas également si les élus ont la liberté de se défendre, de justifier d'éventuelles déviations par rapport à leurs promesses, lorsqu'ils font face à une procédure de révocation.

Ce point est essentiel, car le mandat impératif est nettement moins attrayant que la révocation. Les élus ont effet besoin d'une certaine marge de manœuvre pour négocier des accords avec des partenaires de coalition ou dans le cadre de la concertation sociale, pour pouvoir agir sur la base de délibérations postérieures

3 - Voir Yanina Welp et Laurence Whitehead (sous la dir. de), *The Politics of Recall Elections*, Cham, Palgrave Macmillan, 2020.
4 - Voir Raul Magni-Berton et Clara Egger, *RIC. Le référendum d'initiative citoyenne expliqué à tous*, Limoges, FYP Éditions, 2019.

à l'élection ou encore pour faire face à des changements de circonstances. S'ils étaient pieds et poings liés par leurs engagements électoraux, ils ne pourraient pas faire tout cela.

Plutôt qu'une suppression de l'indépendance des représentants, la question est plutôt celle du degré approprié d'indépendance dont ils devraient jouir à l'égard de leurs électeurs. Car cette indépendance est à double tranchant. C'est aussi ce qui leur permet de trahir certaines promesses et les rend vulnérables à l'influence des groupes de pression – donc ce qui corrompt le lien représentatif. Dans un monde où les inégalités d'influence sont extrêmement fortes, l'indépendance des représentants, bien que nécessaire, contribue à affaiblir la réactivité des élus par rapport aux demandes majoritaires.

## Une conception moins élitiste de la représentation

La forte indépendance dont jouissent les élus est un trait caractéristique des gouvernements représentatifs modernes[5]. L'idée dominante chez les pères fondateurs était que les élections amèneraient au pouvoir des personnes se distinguant de la masse, mieux capables d'agir dans l'intérêt de la nation. C'est en partie pour cela qu'on s'est assuré de préserver une indépendance forte pour les élus et qu'on a minimisé l'implication des citoyens entre les élections.

Aujourd'hui, un nombre croissant de citoyens rejettent cette conception élitiste de la représentation. La déférence vis-à-vis des élites n'étant plus la même, beaucoup souhaitent un accroissement de leurs opportunités de peser dans la prise de décision. De ce point de vue, la possibilité de contrôler davantage les représentants, de leur demander des comptes sans trop attendre et de manifester son mécontentement par voie institutionnelle possède certains attraits. Cela pourrait d'abord offrir une voie d'expression, un exutoire pour la frustration de nombreux citoyens. Cela pourrait également stimuler les échanges entre représentants et représentés. Faisant face à la menace permanente d'une révocation, les élus seraient en effet davantage incités à justifier leurs actions et inactions. Il leur incomberait de préserver le lien de confiance pour désamorcer les menaces de révocation.

## Des effets pervers

Néanmoins, la révocation est loin d'être la solution miraculeuse aux tensions qui traversent les démocraties contemporaines. En témoigne l'examen de ses usages à travers le

5 - Voir Bernard Manin, *Principes du gouvernement représentatif* [1995], Paris, Flammarion, 2012.

monde[6]. Le risque principal est que le mécanisme soit instrumentalisé par les mauvais perdants pour systématiquement contester les résultats des urnes, menant soit à la paralysie politique, soit à une logique de polarisation extrême, comme cela a pu être observé en Colombie ou au Pérou. Il arrive également que le mécanisme n'ait pas du tout l'effet attendu. On a déjà vu des présidents, comme Hugo Chávez en 2004, profiter d'une tentative avortée de révocation pour renforcer leur légitimité et leur pouvoir. Enfin, il ne faudrait pas non plus que la menace d'une révocation permanente accroisse encore davantage la pression au court-termisme affectant le monde politique. Au vu des enjeux de l'époque – crise environnementale au premier plan –, il est essentiel que les élus ne soient pas en campagne permanente et qu'ils osent entreprendre des actions qui ne porteraient leurs fruits qu'à long terme.

Un certain nombre de garde-fous peuvent être imaginés pour réduire ces risques d'effets pervers. Des seuils relativement exigeants de signatures à recueillir et de participation à la votation réduisent les risques d'un recours systématique à la procédure par les mauvais perdants. Une interdiction d'engager une révocation pendant les deux premières années du mandat permet de donner davantage de temps aux élus pour faire leurs preuves. Une procédure d'audition publique peut permettre aux représentants visés de défendre leur bilan. Enfin, il est possible d'exiger que les initiatives de révocation soient dûment justifiées, en lien par exemple avec des promesses électorales ou des fautes déontologiques graves, et examinées par une institution indépendante, comme c'est le cas en Équateur.

**La révocation est loin d'être la solution miraculeuse aux tensions qui traversent les démocraties contemporaines.**

Quoi qu'il en soit, c'est plutôt comme dernier recours, comme soupape de sécurité que la révocation est intéressante. Il ne faudrait pas qu'elle devienne la norme, réduisant encore davantage la durée moyenne des mandats, ni qu'elle devienne l'institutionnalisation de la défiance permanente, rendant les mandats politiques encore moins attrayants. Son introduction, cependant, aurait au moins une charge symbolique forte, invitant à reconsidérer le lien représentatif

6 - Voir Yanina Welp, "Recall referendum around the world: Origins, institutional designs and current debates", dans Laurence Morel et Matt Qvortrup (sous la dir. de), *The Routledge Handbook to Referendums and Direct Democracy*, Abingdon, Routledge, 2018, p. 451-463.

comme une relation de confiance devant être constamment préservée, par l'échange de demandes, de justifications et de contre-propositions. De ce point de vue, la disponibilité du mécanisme de révocation (plutôt que son usage intensif) serait de nature à réconcilier les citoyens avec la représentation électorale[7].

---

***Pierre-Étienne Vandamme***
**Chargé de recherche en théorie politique à l'Université libre de Bruxelles, il vient de publier *Démocratie et justice sociale* (Vrin, 2021).**

# QUE RESTE-T-IL DES *INDIGNADOS* ?

*Hedwig Marzolf*

Dix ans ont passé depuis que les Indignés, à la suite d'une manifestation convoquée notamment par la plateforme ¡Democracia Real Ya! (Démocratie réelle maintenant !), occupèrent la Puerta del Sol à Madrid et y organisèrent, un mois durant, des assemblées – bientôt répliquées sur d'autres places partout en Espagne –, où les participants débattaient de la politique. Or l'anniversaire de cette mobilisation dite du « 15M » (du 15 mai 2011, date de la manifestation), considérée par plusieurs sociologues comme l'un des événements les plus importants de l'histoire politique espagnole depuis la transition démocratique et que le philosophe Ernesto Castro désigne comme un *« mythe fondateur »*, l'équivalent en Espagne de Mai 68 en France, se déroule dans un contexte des plus étranges.

## La culture de la transition

D'abord, même si les Madrilènes ne sont plus confinés chez eux, les mesures sanitaires rendent inimaginable la foule participant à ces assemblées. Surtout, le mois de mai 2021 est marqué par la victoire écrasante du Parti populaire (PP) dans la région de Madrid, lors des élections anticipées qu'Isabel Ayuso, à la tête du Parti et déjà présidente du gouvernement régional, avait convoquées dans l'objectif – atteint – d'élargir sa majorité et de se passer de son associé, le parti de centre droit Ciudadanos, fer de lance avec Podemos de la « nouvelle politique » qui prétendait régénérer les pratiques politiques. De plus, ces élections se sont déroulées dans un climat de crispation et de polarisation, à l'opposé de la culture inclusive du 15M.

**7 - Voir Pierre-Étienne Vandamme, "Can the recall improve electoral representation?" [en ligne], *Frontiers in Political Science*, vol. 2, septembre 2020.**

Parmi les nombreux témoignages recueillis par la sociologue Héloïse Nez auprès des Indignés, tous soulignent comment ils ont appris dans les assemblées à *« écouter d'autres personnes qui pensent différemment »* ou encore une *« manière de faire de la politique, d'une manière plus participative, depuis l'empathie*[1] *»*. Lors du débat télévisé préélectoral, ce sont au contraire les accusations réciproques et même les insultes qui ont dominé les échanges entre les divers candidats. On a pu ainsi entendre Isabel Ayuso traiter Pablo Iglesias, qui avait créé la surprise en démissionnant de son poste de second vice-président du gouvernement pour mener la liste de Podemos dans la région de Madrid, de *« pantomime venu sauver son parti qui n'obtiendra aucun député »*.

En dépit de ce mauvais présage, le score de Podemos, à la différence de celui de Ciudadanos, n'a pas été nul, mais il n'a pas non plus permis de réunir assez de voix pour former, avec celles du Parti socialiste ouvrier espagnol (PSOE) et de Más Madrid, le parti créé par Manuela Carmena, la précédente maire de Madrid, et Íñigo Errejón, un des cofondateurs de Podemos, après son départ de celui-ci en 2019, une majorité de gauche. Mais c'est surtout la réduction du débat, opérée par Isabel Ayuso, à l'opposition entre *« liberté ou communisme »*, au choix entre ces deux camps, si ce n'est entre ces deux slogans, qui invite à se demander si la fin du bipartisme (c'est-à-dire de l'alternance au pouvoir, depuis l'avènement de la démocratie en 1978, du PP et du PSOE), à la suite des premières victoires de Podemos et de Ciudadanos, n'a pas paradoxalement engendré une plus grande fermeture encore du champ politique.

En remettant en question la « culture de la transition », cet ensemble de récits sur le succès de la transition et de la démocratie espagnoles, le 15M n'aurait-il pas ouvert la boîte de Pandore ? Comme le montrent Víctor Sampedro et Josep Lobera : *« La transition espagnole s'est construite sur l'accord tacite selon lequel un processus dirigé par les élites et une population démobilisée éviteraient la fragmentation et la polarisation associées à l'effondrement de la Seconde République. Dans ce contexte, les revendications du 15M pour une politique plus participative et transparente entraient dans un conflit ouvert avec la culture hégémonique des décennies précédentes*[2]. *»* Enfin, le féminisme qui, lors des grandes manifestations du 8 mars 2019, avait succédé aux gens ordinaires pour incarner le « nous », le sujet politique transversal, ainsi que

1 - Héloïse Nez, "What has become of the *Indignados*? The biographical consequences of participation in the 15M movement in Madrid (2011-19)", à paraître dans *Social Movement Studies*.

2 - Cités par Héloïse Nez, *Démocratie réelle. L'héritage des Indignés espagnols*, à paraître.

l'avait acté la nouvelle dénomination de Podemos comme Unidas Podemos, en plus d'être un sujet que le parti d'extrême droite Vox (qui a fait un meilleur score que Podemos aux élections dans la région de Madrid et qui y est désormais le principal soutien du Parti populaire) emploie pour accuser les antagonismes, se trouve lui-même profondément divisé face à la « loi trans », défendue par Irene Montero, député de Podemos et ministre de l'Égalité[3]. S'il est indéniable qu'un cycle se ferme, peut-on pour autant juger que les Indignés ont échoué à changer la politique ?

## L'héritage des Indignés

Pour répondre négativement, il pourrait suffire, comme le préconise la philosophe Marina Garcès, de relever les formes prises par la répression et leurs conséquences sur la capacité de mobilisation. En même temps que Podemos enregistrait ses premiers succès politiques entrait en vigueur la loi relative à la protection de la sécurité publique, renommée la *ley mordaza* (« loi du bâillon »), condamnant comme des délits pénaux, au nom de la lutte contre le terrorisme, toute une série d'actes allant du fait de photographier une intervention policière à celui de coller des affiches appelant à manifester ou de retweeter. Mais la répression s'est aussi exercée à bas bruit sous une forme économique. Comme le souligne un expert de l'ONU dans son rapport sur l'extrême pauvreté en Espagne, la reprise économique après la crise de 2008 s'est faite au détriment d'une grande partie de la population[4]. En ce sens, la politique sociale menée par le gouvernement actuel de coalition entre le PSOE et Podemos, qui a augmenté le salaire minimum et soumis dernièrement au Parlement une loi visant à encadrer le prix des loyers, est une avancée forte qui peut être indirectement attribuée aux Indignés.

Une réponse négative pourrait néanmoins aussi souligner la façon dont Podemos n'a pas été fidèle à l'esprit des Indignés, dont il se serait alors injustement autoproclamé l'héritier. C'est d'abord la transversalité du 15M, qui avait su réunir une très grande majorité sociale autour de quelques sujets généraux comme le rejet des politiques d'austérité, la désaffection à l'égard des partis politiques et du système représentatif, la préoccupation pour le chômage, les services publics et l'avenir de la jeunesse, que Podemos n'a pas su conserver. En effet, la stratégie popu-

3 - Voir Hedwig Marzolf, « Nosotras », *Esprit*, juillet-août 2019.

4 - Voir Philip Alston, « Communiqué du rapporteur spécial de l'ONU sur l'extrême pauvreté et les droits humains lors de sa visite en Espagne » [en ligne], 7 février 2020.

liste du parti, conçue initialement par Íñigo Errejón, recourait à la figure de l'ennemi – *« la caste »* – pour résoudre les tensions issues de l'alliance des identités diverses, préalablement mobilisées en fonction d'un objectif intentionnellement diffus (le *« signifiant vide »*). Il est vrai que dans la formule du *« populisme républicain »*, la désignation de l'ennemi s'effacera au profit de la revendication de la *« patrie »*, entendue comme *« communauté solidaire, qui prend soin d'elle-même et de ses membres »*, mais elle sera paradoxalement réactivée par Pablo Iglesias, pourtant critique à l'égard de la *« transversalité »*, au nom de sa théorie de la *« radicalité »*[5]. Selon cette dernière, une certaine conflictualité politique est nécessaire pour aviver la conflictualité sociale qui, à son tour, engendre la mobilisation des citoyens en défense de leurs intérêts. C'est alors que l'ennemi à combattre deviendra le fascisme.

Mais cette stratégie polarisatrice présentait le risque de pouvoir être retournée contre Podemos lui-même, comme le perçut très bien Isabel Ayuso qui fit du parti violet un épouvantail du communisme et de l'appel à la liberté, dissimulant pourtant mal le droit du plus fort, le nouvel objet du désir, de l'*ilusión*, à l'instar, quelques années auparavant, du *« Si, se puede »*. Ce risque était d'autant plus fort que dans l'histoire espagnole, la démocratie ne s'est pas construite, comme presque partout ailleurs en Europe, en luttant contre le fascisme. *« En Espagne, on peut être démocrate sans être antifasciste »*, avertit le philosophe Santiago Alba Rico, qui enquête dans son dernier ouvrage intitulé *España* sur les deux écueils qui ont toujours empêché la gauche espagnole de revendiquer leur nation : la question territoriale et la politique de la mémoire. Paradoxalement, les dernières élections à Madrid démontrent que la droite n'oublie pas sa victoire dans la guerre civile, alors même qu'elle critique le projet actuel de loi de mémoire démocratique du gouvernement, au motif que cette loi rouvrirait les blessures passées.

## Approfondissement démocratique

Mais ce n'est pas seulement une erreur de stratégie dont s'est rendu coupable Podemos et qui aurait pu être évitée si, lors des primaires du Parti en 2017, avait gagné une autre liste que celle dirigée par Pablo Iglesias, par exemple la liste « Approfondissement démocratique » menée par Víctor García. La structuration verticale du Parti, liée à la figure du leader revendiquée par Pablo Iglesias pour son efficacité à « gagner » le pouvoir et à peine corrigée par l'horizontalité des cercles ouverts à tous, a aussi constitué une rupture avec l'idéal démocratique des

5 - Voir H. Marzolf, « Patria », *Esprit*, mai 2017.

Indignés et fait regretter à certains que le Parti X qui s'était présenté aux élections européennes de 2014 comme une autre voie d'entrée dans la politique institutionnelle, fondée sur le *wikigouvernement* et l'anonymat, n'ait pas davantage prospéré. Et elle pose évidemment problème pour l'avenir du Parti, après la démission de Pablo Iglesias dans la foulée des élections du 4 mai 2021. Mais la grande erreur, si ce n'est la trahison, passe par le fait d'avoir encore cru dans la forme parti et de ne pas avoir davantage fait cas au *« ¡No nos representan! »*, l'un des slogans les plus populaires des Indignés.

**La grande erreur, si ce n'est la trahison, passe par le fait d'avoir encore cru dans la forme parti.**

Dans *Un caos bonito. Relato de una década de la #SpanishRevolution*, un ouvrage qui vient de paraître à l'occasion de ce dixième anniversaire du 15M, Francisco Jurado, militant de ¡Democracia Real Ya! puis secrétaire du député de Podemos auprès du parlement d'Andalousie Juan Moreno Yagüe, relate ses désillusions à l'égard de la politique institutionnelle, y compris son propre parti, qu'il décrit comme un *« jeu compétitif à somme nulle »* qui entraîne du côté de la citoyenneté désintérêt et dépendance. Mais il propose aussi, dans les dernières pages, d'échapper à ces maux en mettant en place des mécanismes de participation qui permettent aux citoyens de se prononcer de façon directe sur des sujets précis et qui déjouent de la sorte les divisions résultant de l'adhésion partisane à un bloc de doctrines (un citoyen peut ainsi soutenir des politiques sociales tout en étant favorable aux corridas ou préférer une politique de baisse des impôts mais défendre les droits du collectif LGTB) pour obtenir des majorités concrètes, mais variables, intéressées et vigilantes aux développements politiques de leurs décisions. Les sociologues Arantxa Mendiharat et Ernesto Ganuza, auteurs récemment de *La democracia es posible. Sorteo cívico y deliberación para rescatar el poder de la ciudadanía*, soulignent dans une même perspective les avantages des débats publics entre citoyens choisis par tirage au sort. Ils permettent notamment de diffuser des informations auprès du reste de la population et de l'impliquer ainsi dans un débat fondé sur des arguments rationnels et transparents, à l'écart de la lutte entre les partis.

Dix ans après les Indignés, la crise sanitaire persistante – qui a offert en Espagne le spectacle concomitant de joutes verbales entre les partis pour rejeter sur l'autre l'accusation de mauvaise gestion et d'un manque de coordination entre le gouvernement national et les régions et entre les régions elles-mêmes – semble donner raison *a contrario* à ces auteurs et montrer une nouvelle fois que le meilleur moyen de changer les choses et trouver des solutions sérieuses aux problèmes est de compter sur l'intelligence et l'attention de tous.

---

***Hedwig Marzolf***
**Philosophe, elle enseigne au lycée français de Madrid.**

# JAFFA ET LOD : SPECTRES DE GUERRE CIVILE

***Daniel Monterescu et Yoann Morvan***

D'intenses violences ont secoué l'espace israélo-palestinien au printemps 2021. Si Jérusalem est souvent considérée comme l'épicentre du conflit, la séquence a dévoilé l'importance cardinale d'un autre espace, moins connu, mais lui aussi à forte charge symbolique : les villes « mixtes », telles Jaffa et Lod/al-Lydd[1]. Reliques vivantes de la guerre de 1948, elles illustrent le palimpseste souvent douloureux qu'est l'espace israélo-palestinien.

## L'embrasement des villes mixtes

Entamée à Jaffa, dès avril 2021, l'éruption de violences intercommunautaires a trouvé l'une de ses acmés à Lod à partir du 11 mai. L'embrasement des villes « mixtes » a certes été galvanisé par les nombreux heurts à Jérusalem, en particulier dans le quartier de Cheikh Jarrah (liés aux menaces d'expropriations), et les bombardements de Gaza. Cependant, il représente un phénomène assez inédit, dont la signification dépasse le cadre de ces localités, suscitant un intérêt nouveau de la part des médias internationaux. Spectrales, Jaffa et Lod le sont à double titre : baromètre des tensions entre certains Juifs et Palestiniens israéliens, et hantées par la mémoire traumatique de ces derniers. En effet, jusqu'alors, les villes « mixtes » semblaient incarner un équilibre fragile, inéquitable, qui a longtemps paru masquer le traumatisme de la Nakba (la « catastrophe » palestinienne). Néanmoins, l'implantation,

1 - En Israël, une ville est considérée comme « mixte » si, selon la définition du Bureau central de la statistique (CBS), au moins 10 % de ses habitants sont enregistrés en tant qu'« arabes ». Ces localités sont, en général, d'anciennes villes palestiniennes qui se sont retrouvées à l'intérieur des limites de l'État hébreu à la suite de la guerre de 1948.

depuis une décennie, de groupes de sionistes religieux a changé la donne. Cette « colonisation » intérieure a mis le feu aux poudres en ravivant le ressentiment latent des Palestiniens de citoyenneté israélienne.

Les trajectoires résidentielles de militants sionistes religieux depuis la Cisjordanie ont également révélé le caractère caduc de la « ligne verte » de 1967. Ces militants ont contribué à ouvrir une nouvelle ligne de front, en plus de celle générée par leur implantation en territoires occupés, jetant une lumière trouble sur la souveraineté même d'Israël dans ses frontières de 1948, un tabou que la question de 1967 avait éclipsé. Sur fond de théologie politique articulant mystique de la terre et mythe du « Grand Israël », ces groupes de sionistes religieux, dont l'un des plus actifs s'appelle *Garin Torani* (« graine de Torah »), semblent faire peser une menace existentielle sur l'État hébreu. Malgré l'avertissement qu'avait pu constituer l'assassinat de Yitzhak Rabin en 1995, la complicité passive des autorités et de cyniques calculs politiciens laissent prospérer ces groupes, dans un contexte parlementaire et social éclaté, marqué par une nette droitisation de l'échiquier durant le long règne de Benyamin Netanyahou[2].

2 - Voir Denis Bauchard, « Israël, la démocratie en question ? », *Esprit*, juin 2021.

## Provocations

L'expansion progressive des sionistes religieux à Jaffa a participé à renforcer l'amertume des Palestiniens locaux. Le point de bascule est intervenu au début du ramadan, lorsque deux rabbins de la yeshiva sioniste ont été attaqués par deux résidents palestiniens, tandis qu'ils cherchaient à racheter leur logement. Si cette congrégation religieuse s'était implantée à Jaffa dès 2008, pour tenter de « judaïser » cette localité considérée par eux comme menacée, cette confrontation directe représente le premier incident de ce type. Elle a ouvert la boîte de Pandore d'une opposition, jusqu'alors larvée, entre Palestiniens locaux, moins dotés, et deux formes parallèles de gentrification urbaine : l'une, classique, fondée sur des phénomènes de classe, et une autre, plus spécifique, opérée sur des bases idéologiques par des sionistes religieux.

À la suite de l'altercation, un déchaînement sans précédent de violence s'est déployé, avec des manifestations palestiniennes réprimées de façon disproportionnée par la police, des représailles perpétrées par les « colons », ou encore un cocktail Molotov lancé sur une maison palestinienne, blessant grièvement un adolescent. Cette escalade incontrôlée de la violence a entraîné l'instauration d'un couvre-feu et une militarisation croissante de l'espace urbain. Elle a contribué à placer les « colons » en position de victimes en quête de protection, créant *de facto* une coalition entre eux et les forces de sécurité. Cette situation paraît reproduire celle prévalant à Hébron…

À Lod/al-Lydd, le niveau de violence a été encore plus élevé qu'à Jaffa. À la suite du meurtre du fils du quincailler de la vieille ville par un « colon » armé, la localité s'est trouvée subitement divisée, avec la mise en place de postes de contrôle sauvages par les différents belligérants (« colons » vigilantistes face à des groupes de jeunes Palestiniens), prenant en otage l'immense majorité de la population. Dans l'ancien centre historique, resté pour partie en ruine après la Nakba, une synagogue a été incendiée, des commerces et appartements saccagés (parfois entre voisins). Cela a poussé le maire Yair Revivo, membre du Likoud et proche de Benyamin Netanyahou, à déclarer que la cité avait subi une véritable « Nuit de cristal », analogie douteuse jetant encore un peu plus d'huile sur le feu.

À Lod, localité paupérisée, fortement marquée par la criminalité organisée et la délinquance urbaine, l'action de la municipalité a joué un rôle structurant dans la mise en place du conflit, en délaissant les quartiers palestiniens et en incitant les « colons » à venir s'y établir. Ce contexte évoque celui existant à Jérusalem, ville davantage divisée que mixte et où le processus de colonisation aiguise les tensions. Le maire de Lod s'est livré à un certain nombre de provocations vis-à-vis des musulmans et a noué des alliances clientélaires avec le groupe *Garin Torani*. Ultime provocation : l'édification, sur un site qui abritait autrefois l'enceinte municipale ottomane, d'une nouvelle mairie monumentale et à l'architecture kitsch orientalisante : une manière de souligner la sur-domination juive sur le paysage symbolique local.

## Une crise de souveraineté ?

La séquence du printemps 2021 a semblé, une énième fois, voir la suprématie sécuritaire de l'État hébreu réaffirmée. Cependant, il y a lieu de s'interroger sur cette victoire en trompe-l'œil. En effet, la « volonté de puissance » israélienne ne serait-elle pas que la projection de son incapacité à maîtriser ses propres énergies, et sa domination qu'un aveu de faiblesse, conséquence d'un auto-aveuglement à la suite notamment des guerres et conquêtes successives ?

Ainsi, en déplaçant la « ligne verte » au cœur même des villes « mixtes », *via* la « colonisation » intérieure, les événements survenus en mai dernier posent à nouveaux frais la question de la souveraineté au sein de l'espace entre la Méditerranée et le Jourdain. L'effet paradoxal et inattendu de ce cycle est aussi d'avoir recréé des liens entre Palestiniens de part et d'autre des frontières de 1967, ceux-ci désignant leur mobilisation comme une « Intifada de l'unité ». Au lieu de garantir un espace souverain à majorité juive, l'État hébreu a encore plus ouvert la voie à la formation d'une entité binationale ségrégative et non démocratique. Alors qu'Israël semblait réputé pour ses capacités de contrôle sécuritaire, les violences urbaines dans les villes « mixtes » ont au contraire montré une forme de stratégie du chaos, délibérée et opportuniste, visant à affaiblir la minorité palestinienne de citoyenneté israélienne : jeu ambigu, de nature à potentiellement remettre en cause les « acquis » de 1948.

**Au lieu de garantir un espace souverain à majorité juive, l'État hébreu a encore plus ouvert la voie à la formation d'une entité binationale ségrégative et non démocratique.**

À la mise en doute de la souveraineté israélienne sur l'espace s'ajoute ainsi celle sur la maîtrise du temps. La troisième génération palestinienne après la Nakba est aujourd'hui, plus que jamais, désireuse de reconnaissance. Elle s'exprime désormais davantage par des mobilisations citoyennes dans l'espace public ainsi que, abondamment, sur les réseaux sociaux, s'inspirant entre autres de Black Lives Matter. Face à ces temporalités collectives palestiniennes, associant le temps long de la mémoire et l'instantanéité numérique de la mobilisation, Israël paraît englué dans une vague perspective de moyen terme, mêlant *statu quo* et colonisations soutenues – une accélération dans l'impasse.

***Daniel Monterescu***
**Anthropologue à la Central European University, il est notamment l'auteur de *Jaffa: Shared and Shattered* (Indiana University Press, 2015) et chercheur principal du projet "Lost Cities" soutenu par la Fondation Gerda Henkel.**

***Yoann Morvan***
**Anthropologue, chargé de recherche au CNRS (Mesopolhis), il est notamment l'auteur, avec Sinan Logie, de *Méga Istanbul* (Le Cavalier bleu, 2019).**

# JOURNALISTES EN RUSSIE

*Marie Mendras*

*En mémoire d'Anna Politkovskaïa*

Anna Politkovskaïa a été assassinée le samedi 7 octobre 2006 dans l'ascenseur de son immeuble à Moscou, près de la gare de Biélorussie[1]. Trois balles. Elle rentrait chez elle, chargée des courses d'alimentation pour la semaine. Elle avait 48 ans. Le même jour, Vladimir Poutine fêtait son 54e anniversaire. Les commanditaires du meurtre n'ont pas été inquiétés.

La journaliste connaissait l'élite russe actuelle, elle appartenait à leur génération : une génération qui naît dans l'URSS khrouchtchévienne, devient « post-soviétique » à la trentaine, « poutinisée » à la cinquantaine, et se sent aujourd'hui angoissée à l'orée d'un troisième âge incertain.

En quinze ans, la corruption et la brutalité des dirigeants se sont considérablement accrues. Comme l'annonçait Anna Politkovskaïa dans ses écrits, la violence déchaînée par la guerre russe en Tchétchénie s'est propagée bien au-delà du Caucase. Anna anticipait une dégradation continue dans toute la Russie tant que Vladimir Poutine et ses hommes se maintiendraient au pouvoir par la force des armes, de l'argent du pétrole et d'une parfaite impunité. Cependant, elle ne pouvait pas à l'époque concevoir la défaite totale des institutions publiques et du droit, les guerres russes en Géorgie et en Ukraine, ou le déclin économique et social (jusqu'en 2008, les revenus des exportations d'hydrocarbures assuraient au régime une manne financière considérable, et aux Russes un meilleur niveau de vie).

La grande reporter enquêtait aussi sur les conscrits rendus à la vie civile sans aucune aide, traités comme des déclassés qui devaient se taire. Elle a été à la rencontre de ces hommes malades et handicapés, physiquement et psychiquement, qui lui écrivaient car elle s'intéressait à leur sort. Pendant notre dernière conversation à Moscou en septembre 2006, elle m'avait dit avec une pointe de dérision : *« On m'accuse d'antipatriotisme, mais c'est moi la patriote, qui vais à la rencontre de nos soldats et raconte leur histoire*[2]. *»*

**1 - Ce texte est extrait de la préface d'un livre de portraits de journalistes russes qui, à la suite d'Anna Politkovskaïa, s'efforcent de continuer à faire exister la liberté d'information et d'opinion en Russie : Johann Bihr (sous la dir. de), *Ils font vivre le journalisme en Russie. Portraits de journalistes indépendants*, Paris, Les Petits Matins, 2021). Nous remercions l'éditeur d'en avoir autorisé la publication.**

**2 - Voir l'ouvrage collectif *Hommage à Anna Politkovskaïa*, Paris, Buchet-Chastel, 2007.**

La leçon d'Anna Politkovskaïa tient en un message : il est impossible de se taire. Chacun doit établir la vérité, en analysant les faits et en suivant ses propres principes humains et éthiques. C'est la seule voie pour ne pas laisser la violence occuper tout l'espace public et privé. Combattre la violence et les abus où qu'ils soient, chaque jour. Résister.

Depuis les grandes manifestations de décembre 2011 contre la manipulation des élections législatives, la révolte gronde. Elle a pris des formes concrètes, organisées, et menaçantes pour le Kremlin et ses clans. Des millions d'indignés ont eu le courage de s'exprimer de diverses manières, y compris par un vote protestataire ou un soutien aux mouvements d'opposition sur Internet.

Le Kremlin a riposté par l'usage immodéré de la force : répression tous azimuts en Russie, interventions militaires à l'étranger, annexion de la Crimée et occupation *de facto* d'une partie du Donbass ukrainien. Il a fait sauter toutes les limites, et s'est mis hors-la-loi au regard du droit international et des droits fondamentaux des individus. Le simple fait de revendiquer des élections concurrentielles et honnêtes (principe inscrit dans l'article 31 de la Constitution) est aujourd'hui un délit sévèrement puni.

Face à la tyrannie en marche, militants, journalistes, élites professionnelles en rupture de ban tentent de s'organiser hors des « institutions » poutiniennes, en résistance active ou passive. Les catégories n'ont plus vraiment de sens, car les révoltés poursuivent un même but : partager les informations, dénoncer les abus, débusquer les sources de l'enrichissement illicite, accumuler les preuves, les rendre disponibles sur Internet et les protéger (à l'instar des archives bien gardées des deux guerres en Tchétchénie, qu'Anna Politkovskaïa avait aidé à constituer). L'avenir des Russes dépendra de leur capacité à démontrer l'arbitraire, et donc l'illégitimité, des hommes qui ont capturé l'État, le droit, les ressources, l'économie, les moyens d'information.

**Dans toutes les dictatures, le contrôle de l'information est la clé du pouvoir.**

Dans toutes les dictatures, le contrôle de l'information est la clé du pouvoir. *« Rien n'est vrai, tout est possible*[3] *»*, explique le journaliste britannique Peter Pomerantsev pour décrire le fonctionnement de la propagande. Le pouvoir poutinien est incontesta-

3 - Peter Pomerantsev, *Rien n'est vrai, tout est possible. Aventures dans la Russie d'aujourd'hui*, trad. par Pascale-Marie Deschamps, Paris, Saint-Simon, 2015.

blement l'un des leaders mondiaux dans l'utilisation des *fake news* et des cyberattaques, ce qu'il récuse bruyamment en accusant les autres de fabriquer de faux récits pour dénigrer et affaiblir la Russie. Il pousse au paroxysme le complotisme, et nourrit la désinformation et la subversion sur Internet.

Les journalistes d'investigation dévoilent les méfaits des dirigeants et l'incurie des responsables, mais ils en soulignent aussi les conséquences pour la Russie et ses habitants : pollution, feux de forêt, accidents, infrastructures de santé inadéquates, criminalité et insécurité. La gestion de la pandémie de Covid-19 a été désastreuse sur le plan national, et ce sont les administrations locales, les hôpitaux et les associations qui ont dû faire face, avec des moyens très limités. Les autorités ont délibérément sous-évalué le nombre de contaminations et de décès. Au fond, dans la Russie de Poutine, journalisme d'investigation et journalisme de société se retrouvent dans une même mission essentielle et urgente : analyser les situations, faire parler les gens, expliquer, critiquer et ouvrir d'autres horizons. Le temps presse, Alexeï Navalny l'avait compris dès 2011, quand Vladimir Poutine a préféré la répression au dialogue avec les Russes qui demandaient des réformes et du changement.

Le Kremlin prétend que le terrain d'affrontement avec les rebelles anti-poutiniens est circonscrit à Moscou et à quelques grandes villes, où s'agitent les « agents de l'étranger ». Or le mécontentement et la lassitude ont gagné toutes les villes, grandes et moyennes, même si les voix sont étouffées dans les Républiques les plus dures, comme la Tchétchénie et le Tatarstan.

La majorité des Russes pensent qu'on leur ment, et que ce qui les menace ne vient pas de l'étranger mais de la détérioration de la situation économique, sociale et politique chez eux. Beaucoup conservent la mémoire de la terrible guerre soviétique en Afghanistan et souhaitent la fin de la guerre en Ukraine ainsi que l'arrêt des interventions en Syrie et au Moyen-Orient. Ils savent que les scrutins sont contrôlés par les administrations. Avec les parodies d'élections parlementaires et régionales en septembre 2021, le pouvoir a franchi un nouveau seuil dans l'arbitraire.

Pour les journalistes, les défenseurs des droits humains et la société civile qui les suit, le défi aujourd'hui est de convaincre leurs compatriotes que « rien n'est impossible, tout reste à faire ». Le 12 mai 2003, sur France Culture, tout en rendant compte des violences en Tchétchénie, Anna Politkovskaïa affirmait sa confiance dans une vie après Poutine : *« Tôt ou tard, il y aura un avenir. Je pense que mon travail aura été utile. Je travaille pour l'avenir. »*

---

***Marie Mendras***
**Politologue au CNRS, professeur à Science Po, elle a notamment préfacé *Le rapport Nemtsov. Poutine et la guerre* (Solin/Actes Sud, 2017).**

# DERRIÈRE LE RETRAIT D'AFGHANISTAN

*Manuel Lafont Rapnouil*

La coïncidence du retrait des États-Unis et de leurs alliés avec le vingtième anniversaire du 11 septembre 2001, mais aussi la façon dont se sont effondrés l'armée et le pouvoir afghans, la prise de Kaboul par les talibans sans coup férir avant même le départ américain et enfin le caractère chaotique des opérations d'évacuation, entamées puis interrompues – tout cela a donné un formidable écho aux événements en Afghanistan. Mais au-delà de leurs conséquences politiques de court terme, il est encore délicat de se prononcer sur leur portée.

## Fin du conflit afghan, mais pas de la puissance américaine

Sans perdre de vue la perspective stratégique plus globale, les événements d'août ont d'abord des conséquences majeures en Afghanistan. La fin de la guerre, que la victoire des talibans semble annoncer, ne signifie pas la stabilisation du pays. Celui-ci est en proie à une crise économique profonde, et la moitié des quarante millions d'Afghans dépend de l'aide humanitaire. Le Haut Commissariat des Nations unies prévoit jusqu'à 500 000 réfugiés de plus d'ici la fin de l'année – qui concerneront bien davantage les voisins de l'Afghanistan que l'Europe. Au-delà, les premiers gestes des talibans au pouvoir, s'ils n'invalident pas l'idée que ces derniers ont appris des vingt dernières années, confirment que leur pouvoir sera d'abord celui des mollahs pachtounes, assis sur une vision conservatrice de la charia, conscients qu'ils ont affaire à un pays très différent de celui dont ils avaient pris le contrôle en 1996, mais dont le souci d'apaisement trouve vite ses limites.

Face à ce pouvoir, les chancelleries occidentales ont déjà dit qu'elles prêteraient une attention particulière à quelques sujets : accès humanitaire, droits de l'homme, évacuation des personnes vulnérables, respect des ouvertures annoncées par le nouveau pouvoir taleb et, plus particulièrement, lutte contre le terrorisme. Les talibans ont sans doute compris leur intérêt à ne pas redevenir la base arrière d'un terrorisme visant les intérêts américains. Mais ils sont aussi en conflit avec Daech (*via* sa filiale État islamique dans le Khorassan) et ne peuvent prétendre à un contrôle complet du pays. Ils n'ont en outre pas renoncé à leurs liens historiques avec Al Qaïda. Malgré la persistance de ce risque terroriste, le départ des États-Unis et de leurs alliés marque la fin du cycle stratégique de la « guerre contre le terrorisme[1] » ouvert en 2001 (même si la lutte contre les groupes terroristes par des moyens militaires ne disparaît pas).

**La tendance de fond : une puissance américaine moins interventionniste, davantage tournée vers le défi que représente la Chine.**

La fin du cycle peut d'ailleurs s'étendre au-delà – à la fin de l'interventionnisme américain. Mais les énièmes spéculations sur le repli ou le déclin de Washington manquent l'objectif. La comparaison avec Saïgon en 1975 est d'autant plus exagérée que ce symbole est plus ambivalent qu'on ne le croit : dès les années 1980, le retour de puissance américain était incontestable. En revanche, même si l'on croit à la persistance de la puissance américaine, y compris en termes de garanties de sécurité pour ses alliés (au moins sous l'administration actuelle), on peut rester frappé par la tendance de fond, commune aux trois dernières administrations : une puissance américaine moins interventionniste, davantage tournée vers le défi que représente la Chine, avec une vision plus restrictive de ses intérêts et où la politique intérieure pèse plus directement sur la politique étrangère[2].

## Malaise dans la politique étrangère ?

Cette posture durablement plus sélective sur ses responsabilités internationales n'est pas propre aux États-Unis. Ce qui pose une question majeure sur l'avenir de l'ordre international. La réponse est doublement délicate. D'une part, on assiste à une préférence pour l'évitement des responsabilités, qu'illustre pleinement l'Afghanistan. Moscou et Pékin sont goguenards après le

1 - Voir Marc Hecker et Élie Tenenbaum, *La Guerre de vingt ans. Djihadisme et contre-terrorisme au XXI^e^ siècle*, Paris, Robert Laffont, 2021.

2 - Salman Ahmed et Rozlyn Engel (sous la dir. de), *Making U.S. Foreign Policy Work Better for the Middle Class* [en ligne], Carnegie Endowment for International Peace, 23 septembre 2020. Voir aussi Maya Kandel, « La réponse démocrate à la doctrine Trump » [en ligne], *Le Grand Continent*, 21 décembre 2020.

retrait américain. Certes, ils sont aussi inquiets, notamment au regard du risque terroriste, et ont récemment établi des contacts avec les talibans. Mais ils n'ont aucune intention de prendre à bras-le-corps un quelconque règlement de la crise – pas même sur le plan humanitaire ou du développement. De ce point de vue, la crise afghane confirme encore l'espace croissant dont profitent les puissances moyennes sur la scène internationale, le Pakistan bien sûr, mais aussi la Turquie et le Qatar, en concurrence ces derniers mois pour rouvrir l'aéroport en lien avec les talibans.

D'autre part, le débat souvent manichéen sur les interventions militaires (dont l'Afghanistan aura été l'exemple préféré) risque de s'élargir. La façon dont l'armée afghane et l'État se sont effondrés ne va pas manquer d'accréditer le sentiment que la politique étrangère peine à bâtir autrement que sur du sable. La réalité est plus nuancée. L'action internationale des vingt dernières années en Afghanistan n'a pas échoué pour on ne sait quelle fatalité propre au « cimetière des empires », mais pour des raisons bien identifiables, dont le mépris des réalités politiques locales (y compris rurales) et l'ampleur de la corruption[3]. Mais elle n'a pas rien produit, en termes d'éducation ou de santé, par exemple, dans un pays en profonde mutation sociale[4]. Pour autant, dans le débat, les doutes sur l'intervention armée s'ajoutent à ceux sur les sanctions, sur l'aide au développement, sur la construction d'institutions, sur les efforts de paix… Dans les pays occidentaux en tout cas, car toutes les puissances ne connaissent pas ce malaise.

Qu'est-ce que tout cela signifie pour l'Europe ? Le caractère précipité et incomplet des évacuations de Kaboul en août a suscité un vaste débat… qui montre les différentes directions que l'Europe peut prendre. La peur migratoire – alors que l'Europe ne sera probablement pas en première ligne des flux de réfugiés des prochains mois – traduit la tentation du repli dans les opinions et les gouvernements. Paradoxalement, la critique sur l'absence de consultation américaine souligne l'absence, côté européen, de véritable proposition stratégique – depuis 2001. Plus largement, la glose sur la puissance américaine souligne les difficultés de nombreux Européens à penser par eux-mêmes – souvent par crainte de fragiliser la poursuite d'une coopération transatlantique dont l'avenir exige pourtant

**3 - Voir par exemple Gilles Dorronsoro, *Le Gouvernement transnational de l'Afghanistan. Une si prévisible défaite*, Paris, Karthala, 2021.**

**4 - Voir Serge Michailof, « Anatomie de l'échec des Occidentaux à construire un État afghan : les leçons pour le Sahel », *Huffington Post*, 25 août 2021.**

davantage d'investissement européen. Heureusement, on constate aussi l'accélération du débat sur l'autonomie stratégique, au-delà de sa traditionnelle chambre d'écho française, et même à Londres, alors que les Britanniques restent enlisés dans le Brexit.

Le 11 septembre 2001 avait aussi ouvert un cycle de réalignement européen derrière Washington, après les premiers gestes d'autonomie stratégique qui avaient suivi le conflit en ex-Yougoslavie, comme la déclaration de Saint-Malo en 1998. Vingt ans après, ce cycle aussi peut prendre fin – par une mutation et un rééquilibrage de la relation transatlantique plutôt que par son effacement. À charge pour les Européens de s'accorder sur une vision concrète de cette mutation.

---

***Manuel Lafont Rapnouil***

**Diplomate de carrière, Manuel Lafont Rapnouil est membre du comité de rédaction d'*Esprit* et s'exprime ici à titre personnel.**

# Leçons rwandaises

# Leçons rwandaises

## Introduction

***Antoine Garapon, Joël Hubrecht et Emmanuel Laurentin***

*« Il faut toujours dire ce que l'on voit. Surtout il faut toujours, ce qui est plus difficile, voir ce que l'on voit. »* Cette phrase de Charles Péguy (*Notre jeunesse*, 1910) pourrait figurer en exergue du rapport Duclert. En effet, sur le millier de pages qu'il compte, seules quelques-unes nous restituent la brutalité insoutenable de ces trois mois et dix jours durant lesquels plus de 800 000 Tutsi ont été massacrés. Mais elles se situent au cœur du rapport, comme son centre de gravité. La retranscription des images filmées la nuit du 30 juin 1994 sur les collines de Bisesero par l'équipe de l'Établissement de communication et de production audiovisuelle de la Défense garde la trace de la découverte par des soldats français de *« la réalité sensible du génocide »* : une petite fille de 5 ans, la tête ouverte, un garçon à peine plus âgé la poitrine touchée par une balle, *« l'odeur abominable des cadavres »* et *« l'absence presque totale de gémissements, de plaintes, de pleurs de ces rescapés, en majorité des enfants, souffrant de blessures abominables. Cachés pour certains depuis des semaines pour échapper aux "chasses" des génocidaires hutu, leur habitude de silence absolu était sans nul doute une des conditions essentielles de leur survie dans les bois de Bisesero »*.

Dans le reste du rapport, ce que les archives dépouillées par la commission nous restituent, c'est *a contrario* l'occultation obstinée des populations tutsi et des victimes du génocide, les analyses erronées, les mensonges tactiques, les décisions honteuses de ceux qui, à l'Élysée, au gouvernement, dans l'armée et les services de renseignement, n'ont pas voulu voir – ni laisser voir – le désastre qui se préparait et sa perpétration à ciel ouvert, puis l'ont relativisé ou contribué à sa négation. Plus accablant encore pour les responsables politiques et militaires de cette époque, les tentatives d'alerte par les rares observateurs lucides qu'ils ont sciemment écartés quand ils ne les ont pas sanctionnés. Les errements, les dissimulations et les contre-vérités de l'État français entre 1990 et 1994 sont désormais implacablement documentés, même si de nombreuses questions demeurent encore. Mais, au-delà de cet examen rétrospectif, le rapport interroge, *nous* interroge, sur les leçons que nous devons maintenant en tirer pour que de telles dérives ne puissent plus, sous une forme ou une autre, se reproduire[1]. Quelles sont ces leçons rwandaises ?

Elles sont de natures diverses, mais en tout premier lieu politiques et institutionnelles. Nous sommes-nous dotés des garde-fous nécessaires pour que les « domaines réservés » du chef de l'État ne soient plus le terreau d'un présidentialisme qui cultive à l'étranger la collusion personnelle de président à président et s'affranchit du respect des institutions et des contre-pouvoirs ?

Et quels enseignements en tirerons-nous sur le plan diplomatique ? Alors que, dès octobre 1990, le risque d'extermination de la population tutsi est identifié par l'ambassadeur Georges Martres, ses avertissements sont ignorés. Pour garantir la préservation du « pré carré » français, le président Mitterrand a appuyé sans réserve le président Habyarimana, malgré les violations des droits humains commis à grande échelle dans le pays, puis le gouvernement intérimaire, composé exclusivement d'extrémistes anti-Tutsi, en recevant des représentants à Paris et en plaidant sa cause à l'ONU, retardant ainsi la condamnation internationale des génocidaires. Notre diplomatie fait-elle moins la sourde oreille aujourd'hui envers ceux qui, sur le terrain, la critiquent et lancent des alertes ? Fait-elle plus lucidement le partage entre la défense de nos intérêts nationaux et ses alliances avec des régimes autoritaires et violents ?

**Notre diplomatie aujourd'hui fait-elle plus lucidement le partage entre la défense de nos intérêts nationaux et ses alliances avec des régimes autoritaires et violents ?**

Les leçons sont aussi militaires, puisque la coopération dans ce domaine a été au cœur de la politique française avec le Rwanda. Du fait de son alliance avec une des parties, elle est apparue en contradiction avec le

1 - Voir aussi le dossier « France-Rwanda, et maintenant ? », *Esprit*, mai 2010, et Joël Hubrecht, « La difficile introspection de la France au Rwanda », *Esprit*, juillet-août 2019.

processus de négociation et de partage de pouvoir que la France encourageait par ailleurs (tout en contournant certains dispositifs des accords de paix de 1993). Pendant le génocide, la même ambiguïté demeure entre les objectifs humanitaires affichés de l'opération Turquoise et le désir de contenir l'avancée du Front patriotique rwandais. Qu'en est-il aujourd'hui des stratégies mises en œuvre avec les États et les forces armées de la région du Sahel ? Sont-elles plus avisées et moins ambivalentes ? Sommes-nous suffisamment réactifs et, surtout, avons-nous développé une action et une expertise à but préventif ? Au Rwanda, aucune pression n'a été exercée pour limiter le développement de médias de la haine, aucun suivi n'a été assuré sur le retrait effectif des cartes d'identité ethnique, ou pour empêcher la mise en place de milices et l'armement de la population. Au début du génocide, les troupes françaises déployées dans le cadre de l'opération Amaryllis n'ont pas cherché à mettre un terme aux massacres qui se déroulaient devant elles. Le fatalisme et l'impuissance ne sont pas acceptables. Une autre politique était envisageable et possible. Il n'y avait là aucun « réalisme », mais un aveuglement prétentieux et des lectures ethnicistes qui, comme l'a écrit Jean-Pierre Chrétien, *« étaient à la fois superficielles et perverses puisqu'elles tendaient à justifier l'innommable, à conforter les acteurs rwandais dans leur fanatisme et les observateurs étrangers dans une tiédeur confortable*[2] *»*.

Une deuxième série de leçons concerne la portée du rapport lui-même. Comme celui, de nature certes très différente, de Benjamin Stora sur l'Algérie, il jette les prémisses d'une véritable diplomatie de la mémoire, indispensable à l'assainissement des relations de notre pays avec les pays d'Afrique (en premier lieu, ceux marqués par notre passé colonial), mais engage aussi la société française à revenir sur sa propre histoire et à complexifier ses repères identitaires.

Le rapport soulève également des enjeux d'ordre scientifique et historiographique : si la composition et la méthodologie de la commission ont pu faire l'objet de débats, l'ouverture des archives, que notre revue réclamait depuis longtemps, représente une avancée exceptionnelle pour la recherche. Mais elle n'est pas suffisante et ne peut se limiter au Rwanda. *Quid* par exemple de la recherche sur la politique française dans les Balkans entre 1991 et 1995 ? Cette dernière fut pourtant imprégnée

2 - Jean-Pierre Chrétien, « Le Rwanda piégé par son histoire », *Esprit*, août-septembre 2000.

des mêmes travers d'interprétation ethnicistes et conduite, sous l'autorité de François Mitterrand, par les mêmes conseillers politiques et le même état-major personnel, avec les mêmes résultats désastreux face aux crimes contre l'humanité qui y ont été commis, pour ne pas parler du génocide perpétré à Srebrenica. La difficulté d'accès aux fonds d'archives français et les délais de communicabilité (cinquante ans pour la majorité des documents et ceux classifiés) demeurent des obstacles auxquels se heurtent nombre de chercheurs. D'autre part, la transmission à l'école et, plus largement, auprès du grand public des acquis les plus récents de la recherche sur les génocides et crimes de masse s'avère trop lente et lacunaire. Or l'éducation est un enjeu crucial de sensibilisation et de prévention pour former des citoyens éclairés, capables de se saisir pleinement des politiques extérieures mises en œuvre en leur nom. Ce qui nous renvoie à un autre constat du rapport sur le Rwanda : l'absence de débat public et, si l'on regarde du côté du Sénat et du Parlement de l'époque, la faiblesse du débat politique. Or qu'en est-il aujourd'hui ? Comme le remarque Thomas Hofnung, *« la politique africaine de la France demeure au cœur de ce qu'il est convenu d'appeler le "domaine réservé" du chef de l'État, avec l'accord tacite des autres institutions, notamment du Parlement*[3] *»*.

Les auteurs réunis dans ce dossier s'efforcent d'interroger le travail de la commission, à la fois dans son contenu mais aussi dans ses prolongements politiques, et en le mettant plus largement en perspective avec nos défis contemporains. Sinon à quoi bon se tourner vers le passé ? Vincent Duclert, qui a présidé la commission, revient ainsi sur les apports d'une critique archivistique à même d'éclairer le fonctionnement réel des pouvoirs administratifs et politiques et de développer ainsi une histoire politique de l'engagement de la France au Rwanda. Stéphane Audoin-Rouzeau apporte d'autres clés de compréhension en restituant les influences intellectuelles qui ressortent des déclarations et des décisions de François Mitterrand, imprégnant fortement ses choix autant au Rwanda que dans d'autres pans de sa politique étrangère. La responsabilité politique du président Mitterrand, de ses conseillers et de son état-major personnel est accablante. Aurait-elle dû ou devrait-elle se traduire aussi sur un plan judiciaire ? Joël Hubrecht s'interroge sur ce qu'il en est dans le droit français et où en sont les procédures ouvertes devant

**3 - Thomas Hofnung, « Tirer les leçons du rapport Duclert sur le Rwanda »,** ***Libération*****, 8 avril 2021.**

les juridictions françaises. Emmanuel Laurentin se demande quant à lui dans quelle mesure le président Emmanuel Macron aura réussi ou non à ouvrir les pages douloureuses du passé de la France et à amorcer une nouvelle manière d'articuler la recherche en histoire et le travail de mémoire. Une question sensible et importante, alors que les débats sur le passé et l'identité de la nation ne semblent pas devoir être traités de façon plus sereine lors de la prochaine campagne électorale. Ce sera également un enjeu démocratique important de la prochaine élection que de pouvoir ouvrir un véritable débat de politique étrangère, sur la manière dont nos alliances diplomatiques, nos interventions politiques et militaires sont conduites, et en particulier, alors que nous assistons à l'effroyable gâchis de vingt années d'intervention en Afghanistan, celles qui sont menées au nom de la lutte contre la menace terroriste. Avec le souhait d'encourager la tenue de ces débats et de saisir les évolutions en cours de la présence française en Afrique, ou plus précisément dans la région du Sahel, nous nous sommes entretenus avec Jean-Baptiste Jeangène Vilmer, Denis Tull et Thierry Vircoulon.

Beaucoup reste encore à faire et l'apport de jeunes africanistes, y compris de ceux comme Hélène Dumas ou Florent Piton qui ont émis des critiques envers la commission, sera précieux pour la poursuite des recherches sur le Rwanda. Mais comment, alors que le rapport met en exergue les tentatives de certains pour changer l'orientation mortifère de la politique française au Rwanda, ne pas rendre hommage à la clairvoyance de l'un des spécialistes les plus renommés de l'histoire des Grands Lacs, Jean-Pierre Chrétien, dont les publications régulières dans *Esprit* ont permis à la revue et à ses lecteurs de mieux comprendre cette région d'Afrique et de demeurer attentifs aux enjeux historiques et mémoriels liés au génocide des Tutsi. En souhaitant que la réception publique du rapport puisse susciter *« une libération de la parole qui n'a pu jusque-là s'exprimer, car prise en étau entre des injonctions contradictoires*[4] *»*, la commission encourage la poursuite des débats. Alors tenons le pas gagné et continuons.

**4 - Commission de recherches sur les archives françaises relatives au Rwanda et au génocide des Tutsi, *La France, le Rwanda et le génocide des Tutsi (1990-1994). Rapport remis au président de la République le 26 mars 2021*, Paris, Armand Colin, 2021, p. 20.**

# « Nous devons poursuivre »

## Le génocide des Tutsi et le devoir de la recherche

***Vincent Duclert***

À la mémoire des chercheurs de grand courage, Alison Des Forges (1942-2009) et José Kagabo (1949-2015), brutalement et injustement arrachés à la vie[1].

Le 7 janvier 1984, le président de la République prononce à la salle des fêtes de la mairie de Vienne, à l'occasion du Noël des Arméniens, un discours de reconnaissance du génocide subi en 1915 par cette grande et fidèle minorité religieuse de l'Empire ottoman, un génocide méthodiquement préparé et exécuté par les Jeunes Turcs unionistes au pouvoir à Constantinople. François Mitterrand n'hésite pas à cette occasion à prendre des engagements solennels au nom de la France : *« Partout où la France a son mot à dire, elle veut rappeler en toutes circonstances l'identité arménienne, marquée par le grand drame du génocide. Pourquoi refuserait-on à ceux qui sont issus de ce peuple le droit d'être ce qu'ils sont ?* […] *Quant à l'histoire elle-même, je viens de vous le dire, le 23 avril 1981, c'est-à-dire quelques jours avant que je ne sois élu aux fonctions qui sont les miennes aujourd'hui, je disais : "Il n'est pas possible d'effacer la trace du génocide qui vous a frappés. Il faut que cela s'inscrive dans la mémoire des hommes. Il faut que ce sacrifice puisse, pour les plus jeunes et les plus petits, servir d'enseignement et, en même temps, de volonté de survivre, afin que l'on sente à travers les temps que ce peuple est un peuple riche de ressources, qu'il n'appartient pas au passé, qu'il est bien du présent et qu'il a un avenir." »*

**1 - Sur Alison Des Forges, voir Jean-Pierre Chrétien, « France et Rwanda : le cercle vicieux »,** ***Politique africaine*****, n° 113, 2009, p. 138 ; sur José Kagabo, voir Henriette Steinberg, « José Kagabo, intellectuel et combattant »,** ***Les Temps modernes*****, n° 686, 2015, p. 101-104.**

Dix ans plus tard, ce temps de la reconnaissance des génocides semble révolu. S'ajoutent de grandes difficultés à faire prévaloir la recherche sur ces sujets qui interrogent la passivité ou la responsabilité des puissances internationales devant la commission du crime de génocide[2].

## *Une France rétive à la reconnaissance des génocides*

Contrastant avec la décennie 1980, l'entrée dans la décennie 1990 accuse un net recul de la République pour le devoir de vérité. Sur le front du génocide des Juifs d'Europe et de la complicité du régime de Vichy, la cinquantième commémoration de la rafle du Vél' d'Hiv' (1942) aboutit non seulement à une abstention volontaire de la parole présidentielle durant la cérémonie[3], mais aussi à une mise au point très nette sur la non-complicité de l'État français dans les *« persécutions et crimes commis contre les Juifs de France »*. Lors de son traditionnel entretien du 14-Juillet, le président rejette la sollicitation avec une certaine impatience : *« Ne demandez pas des comptes à la République, elle a fait ce qu'elle devait. L'État français, ce n'était pas la République. »* François Mitterrand est fidèle en cela à la vulgate gaullienne. Entre-temps, la recherche a pourtant progressé sur le sujet, sous l'impulsion de l'étude majeure de Robert Paxton publiée en langue française en 1973[4]. En 1987, *Le syndrome de Vichy* d'Henry Rousso, depuis régulièrement réédité, analyse ce blocage des institutions confrontées à la mémoire et à l'histoire de la Shoah en France[5].

Deux ans après, la commémoration du massacre d'Oradour-sur-Glane le 10 juin 1944 conduit cette fois le président de la République à s'exprimer publiquement. Mais il s'agit d'un crime commis par l'occupant nazi[6] dans

2 - En France, aucune des nombreuses propositions de loi relatives à la reconnaissance du génocide des Arméniens n'est retenue par les majorités parlementaires, essentiellement de gauche et soutenant l'action de François Mitterrand, comme le reconnaît en 1998 le député René Rouquet, rapporteur de celle de 1998.

3 - Au profit de Robert Badinter, à l'époque président du Conseil constitutionnel mais tenu par l'opinion publique et les médias comme membre de la communauté juive de France, alimentant en conséquence un préjugé sur la Shoah qui ne concernerait que les Juifs.

4 - Robert Paxton, *La France de Vichy (1940-1944)* [1972], trad. par Claude Bertrand, préface de Stanley Hoffman, Paris, Seuil, coll. « L'Univers historique », 1973.

5 - Henry Rousso, *Le Syndrome de Vichy (1944-1987)*, Paris, Seuil, 1987.

6 - Certes, avec le soutien actif de la Milice – qui n'est pas mentionné par François Mitterrand, du moins dans le texte écrit de son discours.

lequel la politique antisémite de Vichy ne joue pas de rôle – du moins direct. François Mitterrand y affirme sa version du « plus jamais ça » : *« J'ai sous les yeux la lettre qu'ont écrite les élèves des écoles et du collège d'Oradour auxquels se sont joints, je tiens à le souligner, ceux de beaucoup d'autres communes de France qui connaissent aussi les méfaits ou les drames de l'exclusion au quotidien. Cette lettre porte un beau titre : "Je t'écris pour la vie". La pensée en est simple et juste : s'entendre pour lutter contre toutes les formes d'intolérance, celles dont on s'accommode si facilement, à ce point qu'on finit par ne plus les voir et qui pourtant sont la vraie source d'où jaillit un jour l'abominable crime. Rien ne vient de rien. L'entretien des haines, mais aussi l'injustice, sont générateurs de ce qui se passe ensuite lorsque plus aucun ordre, ni aucune loi (c'est la guerre), président aux relations des hommes. Cette œuvre à laquelle Oradour s'est désormais consacrée et que symbolisera le Centre de la Mémoire, d'où l'on apercevra côte à côte le village détruit et le village reconstruit, c'est la leçon que vous nous donnez, Mesdames et Messieurs. La République française partage vos souvenirs, par ma bouche elle vous dit qu'elle est fière de l'exemple que vous donnez, qu'elle vous remercie du message dont vous êtes les dépositaires. »*

Ces fortes paroles sont battues en brèche par l'attitude de la France devant les faits qui se déroulent au même moment, en Europe en ex-Yougoslavie et en Afrique au Rwanda. Là, au cœur de la région des Grands Lacs, c'est un véritable génocide qui est commis contre la minorité tutsi par un pouvoir génocidaire, le gouvernement intérimaire entre les mains du Hutu Power. Depuis que sa phase paroxysmique a été déclenchée dans les heures qui ont suivi l'attentat contre le président Habyarimana le 6 avril 1994 au soir, la garde présidentielle et les milices extrémistes, une partie de l'armée et de la gendarmerie, beaucoup de représentants officiels et de fonctionnaires civils de l'État, le voisinage aussi de plus en plus nombreux, exterminent méthodiquement une population ciblée par une haine ethnique transformée en impératif national. Au moment de la proclamation mitterrandienne du 10 juin 1994, la connaissance du génocide est pourtant acquise. Elle avait été formulée de manière quasi immédiate par des chercheurs comme Jean-Pierre Chrétien[7], par des journalistes et experts d'organisations internationales, par des États membres du Conseil de sécurité (la République tchèque et la Nouvelle-Zélande) et,

7 - *« Dès le 11 avril 1994, je me suis retrouvé avec Madeleine Mukamabano et Rony Brauman sur les ondes de RFI pour dénoncer le génocide en cours »* (Jean-Pierre Chrétien, « Un historien face au génocide des Tutsi. Entretien avec Stéphane Audoin-Rouzeau et Hélène Dumas », *Vingtième Siècle. Revue d'histoire*, n° 122, 2014, p. 23-35.)

depuis le 16 mai, par la France elle-même à travers la déclaration depuis Bruxelles du ministre des Affaires étrangères Alain Juppé, déclaration répétée les jours suivants devant la représentation parlementaire.

Mais lorsque François Mitterrand emploie enfin le terme de génocide, tardivement, le 22 juin, pendant un conseil restreint de défense, c'est pour le dénaturer[8]. L'occultation du génocide des Tutsi, ramené à des massacres récurrents entre ethnies, sera consommée lors du discours qu'il prononce au sommet franco-africain de Biarritz le 8 novembre 1994, le jour même du vote de la résolution du Conseil de sécurité des Nations unies créant le Tribunal pénal international pour le Rwanda (TPIR), chargé précisément d'instruire le crime de génocide.

À cette date, les autres dirigeants français ont fait marche arrière également, choisissant d'évoquer les génocides au pluriel ou de s'en tenir à la version de massacres interethniques au Rwanda. L'opération Turquoise, déclenchée le 22 juin, a pour mission, du reste, d'arrêter non le génocide mais *« des massacres »* qu'officiers et diplomates sur le terrain, plus lucides et courageux, comprennent comme des actes de génocide. Quant au soutien de la France à la création du TPIR, il se révèle très ambigu puisque, dans l'esprit de la diplomatie française, il convient de conserver ouvertes toutes les options permettant d'incriminer, y compris pour crimes de génocide, le Front patriotique rwandais (FPR) qui combat pourtant sur le terrain les génocidaires. Ces efforts convergents pour se dégager de toute reconnaissance du génocide des Tutsi et s'engager dans la voie de la négation ou dans la thèse d'un « double génocide » ont été étudiés, notamment par la juriste Rafaëlle Maison[9]. Ils sont aujourd'hui méthodiquement rapportés et analysés par la Commission de recherche sur les archives françaises relatives au Rwanda et au génocide des Tutsi dans son rapport remis au président Emmanuel Macron le 26 mars 2021.

Depuis la fin du génocide des Tutsi à la mi-juillet 1994, et durant vingt-sept ans, la position officielle française, du moins au sommet de l'État avec le plus haut magistrat de la République, a été d'éviter toute

8 - « *La folie s'est emparée* [des Hutu] *après l'assassinat du président Habyarimana* », déclare François Mitterrand, cité dans Commission de recherches sur les archives françaises relatives au Rwanda et au génocide des Tutsi, *La France, le Rwanda et le génocide des Tutsi (1990-1994). Rapport au président de la République le 26 mars 2021*, Paris, Armand Colin, 2021, p. 456.

9 - Voir Rafaëlle Maison, *Pouvoir et génocide dans l'œuvre du Tribunal pénal international pour le Rwanda*, Paris, Dalloz, 2017. Voir également, du grand reporter Patrick de Saint-Exupéry, *La Traversée. Une odyssée au cœur de l'Afrique*, Paris, Les Arènes, 2021.

reconnaissance claire et solennelle, en raison de fortes préventions contre le régime post-génocidaire formé par le FPR victorieux et parce qu'une telle reconnaissance supposait que la France s'interrogeât sur ses propres responsabilités dans la catastrophe. Seul le président Nicolas Sarkozy assuma ce choix et ce risque en 2010, mais la tentative fut sans lendemain. L'une des causes de cet échec tient aux guerres idéologiques intestines que se livraient sur le terrain national les passions contraires et les groupes de pression. Jean-Pierre Chrétien les résumait en proposant une intéressante comparaison avec l'affaire Dreyfus : *« Face au génocide de 1994, les deux pays se sont enferrés dans un cercle vicieux. En France, le débat prend aujourd'hui l'ampleur d'une potentielle affaire Dreyfus. Tout se passe comme si le refus d'admettre les responsabilités politiques prises entre 1990 et 1994 supposait aussi, dans certains milieux, le déni de la réalité du génocide. Or le négationnisme, consistant à minimiser, relativiser, "équilibrer", voire justifier la logique des acteurs rwandais du génocide, est une impasse, source d'un malaise évident. »* Et le chercheur d'en appeler au renforcement de la recherche sur des bases documentaires et méthodologiques les plus solides : *« La première exigence, vu la gravité des enjeux, serait d'ouvrir à une recherche sérieuse les archives de François Mitterrand, aujourd'hui officiellement fermées, mais qui, par des jeux d'indiscrétion ou de copinage, sont utilisées ici et là depuis 2005, de façon partielle et sans rigueur scientifique par des instances partisanes ou des journalistes dits d'investigation*[10]. »

## *En quête d'une histoire publique*

Ce tournant archivistique est promu par Emmanuel Macron lorsqu'il décide en avril 2019 de créer une commission d'historiens et de chercheurs chargée de consulter les archives d'État afin d'analyser *« le rôle et l'engagement de la France au Rwanda au cours* [de la période pré-génocidaire et celle du génocide lui-même] *en tenant compte du rôle des autres acteurs engagés »*. Il s'agit par cette recherche *« de contribuer au renouvellement des analyses historiques sur les causes du génocide des Tutsi, profondes et plus conjoncturelles, ainsi que sur son déroulement, en vue d'une compréhension accrue de cette tragédie historique et de sa meilleure prise en compte dans la mémoire collective, notamment par les jeunes générations*[11] ». Limitée à des chercheurs de nationalité française, légalement

10 - J.-P. Chrétien, « France et Rwanda : le cercle vicieux », art. cité.
11 - *La France, le Rwanda et le génocide des Tutsi*, *op. cit.*, p. 5-6.

exigée pour l'obtention de l'habilitation au secret de la défense nationale, cette commission présentait un triple caractère en lien avec sa définition scientifique : des compétences choisies au regard de l'objet d'étude et des sources privilégiées, un format collectif rare dans ce domaine d'étude, enfin un accès illimité aux archives et, une fois la mission achevée, leur ouverture la plus étendue possible afin d'autoriser toutes les vérifications.

Sur le fond, les treize membres de la commission, rédacteurs et signataires d'un rapport de 1 200 pages, dont l'auteur de ces lignes qui en fut le président, arrêtent leurs choix méthodologiques, épistémologiques et heuristiques, qui sont détaillés dans un long exposé annexe[12]. Plusieurs traits saillants s'en dégagent, indispensables à connaître pour juger de la matière du rapport et de la solidité de ses conclusions qui établissent des *« responsabilités, lourdes et accablantes »* des autorités françaises dans le processus ayant conduit au génocide des Tutsi.

Relativement au dispositif de validation de l'œuvre scientifique, le rapport est rendu public à l'instant même où il est remis au président de la République, le 26 mars 2021. De plus, comme prévu, toutes les sources citées ou référencées dans le texte deviennent accessibles à tout public aux Archives nationales ; celles qui étaient classifiées ont été déclassifiées en un temps accéléré par les services producteurs, le tout sous la forme d'une dérogation générale des ministères signée du Premier ministre en date du 6 avril 2021. L'engagement de transmission de toutes les sources du rapport, pris dès la formation de la commission, est tenu, contrairement aux mystifications que d'aucuns s'obstinent à répandre publiquement[13]. Le choix de la transparence est étendu puisque, ce même 6 avril, est accordée, à la demande de la commission de recherche, une pleine et totale ouverture des fonds présentiels François Mitterrand

12 - Publié sur le site vie-publique.fr.

13 - S'exprimant sur TV5 Monde le 16 juin 2020, l'universitaire François Robinet déclarait ainsi, contre toute attente : *« Est-ce qu'on peut produire un contenu scientifique rigoureux et distancié sans rendre l'ensemble des documents consultés à la disposition des collègues pour qu'on puisse ensemble discuter du travail qui a été effectué ? »* La veille, sur la même chaîne, le président de la commission avait pourtant souligné l'engagement de cette dernière à communiquer l'ensemble de ses sources, et la « Note intermédiaire » rendue publique après sa remise au président de la République le 5 avril 2020, indiquait dans son préambule, au sujet du rapport à venir : *« Celui-ci intégrera tous les éléments de source permettant au citoyen de vérifier et de valider l'exposé de la recherche demandée. Cette mise à disposition des preuves de l'enquête découle d'une autre prérogative essentielle accordée à la commission, celle de pouvoir solliciter auprès des administrations toutes les reproductions et les déclassifications de documents d'archives qu'elle jugerait nécessaires à son analyse. Ce pouvoir apporte la garantie d'un rigoureux travail de vérité qui est attendu et dont la commission mesure unanimement l'importance. »*

et Premier ministre Édouard Balladur relatifs au Rwanda. Trois mois plus tard, toujours à l'initiative de la commission de recherche suivie sans réserve par le commanditaire et les services de l'État, une nouvelle décision ouvre encore plusieurs milliers d'archives militaires, ainsi que l'ensemble des télégrammes diplomatiques de l'ambassade de France au Rwanda sur cinq années (1990-1994), tandis que des documents rwandais retrouvés par la commission dans les fonds diplomatiques sont édités et mis en ligne sur le site des Archives diplomatiques[14].

Cet accès aux archives, massif et sans précédent, permis par des dérogations générales aux fortes significations, souligne la volonté du chef de l'État de réaliser l'ouverture à laquelle il s'était engagé, comme l'effort de la commission pour permettre à la recherche de disposer de fonds intégralement à disposition et d'outils de travail conséquents. Cette commission se donne ainsi un rôle d'avant-garde à travers la mission de service public qu'elle conçoit sur les archives. Ce qui a été obtenu de l'exécutif a été refusé, toutefois, par l'Assemblée nationale dont le Bureau n'a pas autorisé l'accès aux archives de la mission d'information parlementaire de 1998, interdisant de fait à la commission d'exploiter efficacement les acquis du travail de son président, des rapporteurs et administrateurs[15]. Cette décision a été vivement critiquée par nombre de députés des commissions des Affaires étrangères et de la Défense, à commencer par le président de la première d'entre elles, Jean-Louis Bourlanges, au cours de l'audition de la commission de recherche[16]. Elle contrecarre le principe d'une histoire publique à même de construire des formes de confiance entre la société et les institutions de la République, particulièrement lorsque ces dernières sont profondément interrogées comme dans l'engagement français au Rwanda durant la période pré-génocidaire et le génocide des Tutsi.

Mieux connaître ces institutions, leur fonctionnement, leurs pratiques, leurs représentations et leurs rapports à l'expérience, à la connaissance et à la mémoire suppose de considérer les archives bien au-delà de leur emploi usuel par beaucoup de chercheurs. Le recours à une critique archivistique est essentiel pour éclairer et comprendre les pouvoirs

**14 - « Collection de documents des fonds diplomatiques français portant sur le Rwanda (1990-1994) », site des Archives diplomatiques, 2021.**
**15 - Voir l'échange de courriers entre l'Assemblée nationale et la commission de recherche, sur le site vie-publique.fr, en annexe de l'« Exposé méthodologique ».**
**16 - Audition du 11 mai 2021. Voir sa captation audio et vidéo sur le site de l'Assemblée nationale.**

administratifs et politiques à l'œuvre et saisir, comme ce fut le cas pour le Rwanda, l'enchaînement des aveuglements et la succession des dénis. Cette critique aboutit à proposer une cartographie fine des archives consultées ou identifiées au moyen d'un *« état des sources dans les fonds d'archives français pour la recherche sur la France au Rwanda et le génocide des Tutsi »*, accessible sans restriction sur le site vie-publique.fr, tandis que l'« Exposé méthodologique » précise la situation des fonds d'archives par institutions productrices, soulignant les graves distorsions dans les versements, révélant les rouages de la décision au regard des pratiques d'archives des services et des acteurs. La commission considérait qu'un tel bilan critique relevait aussi de sa mission de service public.

L'approche historique des archives d'État a conduit la commission à défendre et construire une histoire politique de l'État et des pouvoirs politiques. Celle-ci s'est réalisée, outre la critique mentionnée de l'objet archives, au fil de la chronologie complexe de l'engagement de la France dans ce temps du génocide, distinguant un processus génocidaire (1990-1993) de son accomplissement et de son déni (1994). Puis, elle s'est dirigée vers l'étude frontale de la question de l'État et de son gouvernement. Une longue partie finale, « Gouverner l'État dans la crise rwandaise », a réuni trois analyses fortement documentées en sources nouvelles. Cette investigation, rendue nécessaire par l'objet même de la recherche, est inédite par l'ampleur des sources traitées, mais également par la mobilisation d'une telle histoire politique souvent méconnue des spécialistes des Grands Lacs et du génocide des Tutsi, ou substituée à une conception inquisitoriale, voire paranoïaque du travail de l'historien – absence ou système qui bloquent la compréhension des affrontements internes au sein des administrations de l'État et des pouvoirs politiques, et la reconnaissance de mécanismes démocratiques au sein de la République.

## La réalisation d'une histoire politique

Bien que l'engagement de la France et son évitement du processus génocidaire comme du paroxysme de 1994 ressortent de manière très unilatérale, comme s'il s'agissait de l'unique politique à même d'être conduite au Rwanda, l'analyse méthodique des chaînes de décision et des modes d'exécution fait apparaître autre chose. Une cohorte active d'agents de l'État et de responsables politiques ont agi en conscience républicaine, les premiers démontrant qu'une autre politique était possible, les seconds contestant les procédés pour étouffer et même combattre la pensée libre, informée et rationnelle sur le Rwanda.

Nombreux, finalement, sont ceux qui choisirent de s'y tenir. C'est le cas des ministres Joxe et Léotard à la Défense et de leurs cabinets, de députés et sénateurs qui adressent des alertes documentées sur les périls de la persécution et sur la manière dont la France soutient un régime raciste, violent et corrompu, sans comprendre qu'un tel engagement encourage un sentiment d'impunité chez les assassins de la minorité tutsi. C'est le cas aussi de diplomates et d'officiers sur le terrain, de services centraux dans les armées, la diplomatie, la coopération militaire et civile, ou le contrôle bancaire ; c'est le cas encore d'hommes d'État, comme Michel Rocard en 1997-1998[17] ou Alain Juppé en 2021[18] assumant un devoir de vérité ; et encore de chercheuses et chercheurs, journalistes ou membres d'association affirmant une même exigence pour leur pays. La démocratie républicaine résiste ainsi au cœur de ses représentations et de ses fonctions, mais on l'ignore généralement.

Les institutions reposent sur leurs définitions légales, les hiérarchies auxquelles elles renvoient, les traditions qu'elles reconnaissent ou auxquelles elles appartiennent. Mais sans revenir aux hommes et aux femmes qui les composent et qui leur communiquent, ou non, des principes d'action et des valeurs de jugement, elles ne sauraient être comprises complètement. La mention du genre n'est pas innocente ici, car la crise rwandaise de la République française se caractérise par une suprématie quasi absolue des acteurs masculins. Toutefois, le rapport de la commission de recherche a souligné l'action divergente d'une petite minorité de femmes, dont la reconnaissance aujourd'hui permet cette approche méthodique et critique de la France au Rwanda confrontée au génocide. La diplomate Thérèse Pujolle, la magistrate Odette-Luce Bouvier et la conseillère de Michel Rocard à Matignon Marisol Touraine émergent de ce monde d'hommes et de pouvoir ; leur histoire sera écrite parce que la recherche continue.

17 - Voir deux notes publiées sur le site de l'Association des amis de Michel Rocard en juin et juillet 2021.

18 - Alain Juppé, « Nous n'avons pas compris qu'un génocide ne pouvait supporter des demi-mesures », *Le Monde*, 7 avril 2021.

Et dans ce monde se comptent aussi des hommes conscients des devoirs éthiques qu'implique le service de l'État. Ils n'ont pas craint de s'exprimer publiquement à la sortie du rapport, comme le colonel René Galinié, ancien attaché de défense à Kigali jusqu'à la mi-1991, le général Jean Varret, ancien chef de la mission militaire de coopération avec l'Afrique, le général Patrice Sartre, ancien commandant du groupement Nord de l'opération Turquoise puis expert de haut niveau à la délégation aux Affaires stratégiques.

Ainsi une autre France se dessine-t-elle face au Rwanda, lucide et active, surmontant l'impossibilité de se faire entendre et comprendre. Cette France ne provient pas seulement de la société civile ou des assemblées souveraines du pouvoir législatif : elle se manifeste donc au sein même de l'État et de l'exécutif. C'est l'honneur d'un pays qui se révèle à travers ces actes passés et la reconnaissance qu'on leur accorde aujourd'hui par leur connaissance acquise. C'est aussi un immense regret de considérer qu'une autre politique était possible pour le Rwanda, et qu'elle a été écartée[19]. Restaurer le champ des possibles et leur réalité historique découle de la recherche, comme des chercheurs en attestent par leurs travaux. Aujourd'hui, cette autre politique possible désormais exhumée peut signifier un retour de l'histoire.

**Une autre politique était possible pour le Rwanda, et elle a été écartée.**

## *Le printemps 2021 de la connaissance et de la reconnaissance des génocides*

Qu'une autre politique, consciente des périls de l'engagement français et inquiète de la violence de la persécution contre les Tutsi, ait pu exister au moment des faits, qu'elle soit aujourd'hui reconnue avec tant de gravité, explique tout à la fois la réception très positive du rapport de la commission de recherche dans la société française et le choix de la République du Rwanda d'accepter la main tendue par le président français.

Le rapprochement entre les deux pays, matérialisé par la visite d'Emmanuel Macron à Kigali le 27 mai 2021, se fonde sur la reconnais-

19 - Voir l'encadré de Jean-Pierre Chrétien, « Une autre politique était possible au Rwanda », ici p. 56.

sance commune d'une vérité historique émanant de la recherche scientifique et de l'enquête documentaire. La première découle du rapport de la commission, la seconde du rapport commandité par le gouvernement rwandais au cabinet d'avocats américain Muse. Les deux productions collectives de savoir convergent vers les mêmes conclusions, les juristes soulignant quant à eux que la politique de la France *« a rendu possible un génocide prévisible »*. À Kigali, au mémorial de Gisozi, le président français délivre un discours qui fait siennes les conclusions du rapport de la commission sur la *« responsabilité accablante »* de la France. Il s'applique doublement à souligner combien le génocide des Tutsi fut un processus, qui *« vient de loin »*, qui *« se prépare, prend possession des esprits »*, et à déplacer le regard si longtemps resté aveugle aux victimes et à ce qu'elles ont pu endurer de terreur, *« dans la forêt ou dans les marais, une course sans arrivée et sans espoir, une traque implacable qui reprenait chaque matin, chaque après-midi, dans une terrible et banale répétition du mal »*.

Ce triptyque d'une parole présidentielle, d'une base de vérité objective et d'une adhésion de la société française à l'examen sans concession du passé décide alors du choix du Rwanda et de son président d'accepter la démarche française et d'inaugurer une commune relation d'avenir. Elle est d'une signification capitale tant la question du génocide avait été déterminante dans la violence du conflit franco-rwandais, tant la reconnaissance du génocide et des responsabilités françaises fonde désormais la force de la relation bilatérale. Celle-ci se révèle indissociable d'un savoir historique partagé, dont il convient de poursuivre l'élaboration sous peine de fragiliser des acquis diplomatiques d'une portée inédite, que l'on refusait d'imaginer il y a peu encore. Mais les planètes, pour une fois, se sont alignées au-dessus du Rwanda.

Indissociable de la connaissance, cette reconnaissance acquise le 27 mai 2021 a été rendue possible grâce à la recherche. Les chercheurs se sentent profondément investis. De tels sujets les laissent sans répit, toujours éveillés, prêts à défendre la force des savoirs contre le cynisme de la puissance. Les recommandations du rapport de la commission portent sur la nécessité de créer des institutions internationales de soutien à la recherche par la conservation et la valorisation des ressources, y compris les plus actuelles sur des processus génocidaires en cours[20]. Rejoignant

20 - *La France, le Rwanda et le génocide des Tutsi*, *op. cit.*, p. 976.

cette attente, le président Emmanuel Macron a souhaité, dans son discours du 27 mai 2021 à Kigali, que la recherche se poursuive, insistant sur la mobilisation des jeunes chercheuses et chercheurs pouvant unir les deux pays, les deux sociétés[21].

L'acte accompli par la France au Rwanda fait écho à d'autres événements de même portée, quasi simultanés, faisant du printemps 2021 un temps remarquable de reconnaissance publique des génocides passés. Le 24 avril, le président américain Joe Biden reconnaît le génocide des Arméniens, un acte qu'aucun de ses prédécesseurs – malgré leurs promesses de campagne pour certains – n'avait eu la volonté, le courage, d'accomplir. Le 28 mai, l'Allemagne reconnaît pour la première fois avoir commis *« un génocide »* contre les populations Herero et Nama en Namibie dans le Sud-Ouest africain colonisé par l'empire allemand. Le 18 juillet, pour la commémoration de la rafle du Vél' d'Hiv', le président de l'Union des déportés d'Auschwitz, Raphaël Esrail, âgé aujourd'hui de 96 ans, demande solennellement aux autorités politiques de son pays et de l'Europe la création d'un centre international de ressources : *« Nous savons, et le génocide des Tutsi nous le rappelle, que les entreprises d'extermination sont toujours possibles. Il est indispensable de se doter de moyens de prévention des génocides. Nous devons poursuivre »*, conclut-il.

Ce temps de reconnaissance, alors que les menaces sur les minorités dans le monde s'aggravent continuellement, avec les guerres et les répressions des anti-démocraties[22], dit quelque chose de la résistance des sociétés démocratiques. Il faudra étudier sans tarder cette réalité historique, sans idéalisme mais avec la conscience qu'écrire l'histoire contribue aussi parfois à la faire. Les actes de reconnaissance reposent sur le développement de la connaissance. Ainsi du génocide des Arméniens, bénéficiant de la publication de témoignages essentiels de survivants et des travaux

**Les actes de reconnaissance reposent sur le développement de la connaissance.**

21 - *« En me tenant, avec humilité et respect, à vos côtés, ce jour, je viens reconnaître l'ampleur de nos responsabilités. C'est ainsi poursuivre l'œuvre de connaissance et de vérité que seule permet la rigueur du travail de la recherche et des historiens. En soutenant une nouvelle génération de chercheurs et de chercheuses, qui ont courageusement ouvert un nouvel espace de savoir. En souhaitant, qu'aux côtés de la France, toutes les parties prenantes à cette période de l'histoire rwandaise ouvrent à leur tour toutes leurs archives »* (site de l'Élysée).

22 - Voir Hamit Bozarslan, *L'Anti-Démocratie au XXIe siècle. Iran, Russie, Turquie*, Paris, CNRS Éditions, 2021.

actuels[23]. Mais la recherche n'est pas seulement présente à l'instant de la reconnaissance. Elle la précède de loin, dans l'obscurité, quand des chercheurs bataillent pour faire admettre une pensée de la réalité. Rien ne se serait produit à Kigali le 27 mai 2021 sans de tels combats souvent épuisants et décourageants pour celles et ceux qui les mènent – tant l'incrédulité, le silence ou même la violence viennent les agresser – et jamais vains pourtant. L'étude fine des trajectoires de chercheuses et de chercheurs permet souvent de comprendre ce passage de la connaissance à la reconnaissance. Pour cette raison, il est nécessaire de les connaître et de rapprocher les expériences[24].

*Chantal Morelle a bien voulu relire cet article et m'apporter ses conseils.*
*Je la remercie très vivement.*

23 - Voir Sonya Orfalian (sous la dir. de), *Paroles d'enfants arméniens (1915-1922)*, trad. de l'italien par Silvia Guzzi, avec la collaboration de Gérard Chaliand, Joël Kotek et Yves Ternon, Paris, Gallimard, coll. « Témoins », 2021 ; Serpouhi Hovaghian, *Seule la terre viendra à notre secours. Journal d'une déportée du génocide arménien*, éd. Raymond H. Kévorkian, avec la collaboration de Maximilien Girard, Paris, Éditions de la BNF, 2021 ; Taner Akçam, *Ordres de tuer. Arménie 1915*, trad. par Gilles Berton, préface d'Annette Becker, Paris, CNRS Éditions, 2020 ; Dzovinar Kévonian, *La Danse du pendule. Les juristes et l'internationalisation des droits de l'homme (1920-1939)*, Paris, Presses de la Sorbonne, 2021 ; et Raymond H. Kévorkian, *Le Génocide des Arméniens*, Paris, Odile Jacob, 2006. Ce dernier prépare un ouvrage consacré à l'étude critique des savoirs savants sur la catastrophe. Voir enfin Hans-Lukas Kieser, *Talaat Pasha: Father of Modern Tukey, Architect of Genocide*, Princeton, Princeton University Press, 2018.

24 - Voir *Penser les génocides*, un collectif à paraître à CNRS Éditions, imaginé et élaboré par l'auteur de ces lignes.

## – *Une autre politique était possible au Rwanda* –

*Ce texte est composé d'extraits de la transcription d'un entretien vidéo avec Jean-Pierre Chrétien, spécialiste de l'Afrique des Grands Lacs, enregistré par Vincent Duclert le 3 septembre 2021 dans un paisible quartier de Bègles, près de Bordeaux.*

Les analyses d'un certain nombre d'observateurs et connaisseurs du pays ont été vérifiées, confortées par le dépouillement des archives auquel la commission de recherche a procédé. Ce rapport montre qu'un certain nombre de responsables avaient vu juste, à différents moments : des responsables politiques, administratifs, militaires, des représentants du ministère de la Défense, de l'état-major, du Quai d'Orsay, tel ambassadeur en place, tel militaire, etc.

**Un certain nombre de responsables avaient vu juste.**

On voit bien qu'il y a un vrai débat interne sur des options, des choix : faut-il continuer à intervenir et renforcer l'aide ? Ne doit-on pas tenir compte de la menace d'un véritable génocide, parce que le mot est employé très tôt dans certains documents ? Ne faut-il pas agir autrement, exercer une pression différente ou renforcée sur le gouvernement d'Habyarimana ? Des analyses et des mises en garde montrent que des débats au sein du gouvernement, du cabinet présidentiel de François Mitterrand auraient dû – non, auraient *pu* – se développer pour éviter la catastrophe.

Mais dans les conclusions du rapport sur les différentes institutions de l'État engagées dans cette affaire, c'est plutôt réjouissant de voir qu'en France, il y a des gens, des ressources face à une crise ; non seulement il y a des intellectuels qui mènent des recherches, mais des responsables qui savent s'informer sur ces recherches ou qui savent ouvrir les yeux. Il y a des gens qui avaient vu la menace réelle et qui, donc, pouvaient amener à une autre politique et à prendre conscience, enfin, de ce qui se passait à partir du 7 avril 1994.

Dès le début, c'est un génocide, avec un pouvoir extrémiste en place, et on fait semblant de croire que c'est un gouvernement conforme aux accords d'Arusha. Il y a une espèce d'aveuglement répétitif sur les accords d'Arusha. Alors que ces derniers incluaient le Front patriotique rwandais [FPR], appliquer les accords d'Arusha, c'était voir comment, avec le

FPR et avec des éléments sains, et il y en avait dans l'armée, on pouvait réagir et on pouvait empêcher les *Interahamwe*, les militaires extrémistes, d'agir, et ne pas considérer le gouvernement intérimaire comme un gouvernement normal. Tout était en place dans l'information du gouvernement français pour que de meilleurs choix soient faits. C'est à la fois réconfortant, et accablant par rapport à ce qui s'est passé.

Jean-Pierre Chrétien

# Une défaite de la pensée

## François Mitterrand et le Rwanda (1990-1994)

***Stéphane Audoin-Rouzeau***

C'est une question maintes fois posée à toute personne travaillant sur le Rwanda et le génocide des Tutsi rwandais de 1994 : comment comprendre la politique française au cours de ces années fatales ? Comment comprendre le soutien jamais démenti – et même accentué d'année en année – au régime Habyarimana, en dépit de tant d'alertes émises par de multiples canaux au sein de l'État français ? Comment comprendre qu'une fois le génocide commencé, ce soutien ait pu se prolonger ? Et comment comprendre enfin qu'il se soit discrètement poursuivi une fois le pays conquis par le Front patriotique rwandais (FPR), à travers l'isolement imposé au nouveau régime et l'aide apportée aux anciens maîtres du pays, réfugiés dans les camps du Kivu ? Ces questions sont d'autant plus aiguës que le Rwanda n'appartenait pas à la zone d'influence postcoloniale française en Afrique et qu'il paraît particulièrement difficile de comprendre l'engagement de la France dans un petit pays si dénué de ressources. Disons-le d'emblée : il n'y a pas de réponse simple, ni sans doute définitive, à de telles interrogations.

### *Le président et personne d'autre*

Une chose paraît sûre en tout cas, qui n'est contestée par personne : la clé de la politique française au Rwanda se trouve chez le président François Mitterrand, et ce du début à la fin de la crise rwandaise. Le rapport Duclert l'établit de manière parfaitement convaincante : quel que soit le rôle très nocif de son entourage immédiat (secrétariat général de l'Élysée, état-major particulier, cellule Afrique), la responsabilité primaire de la politique suivie au Rwanda a reposé entièrement sur le président et personne d'autre. L'analyse fine, permise par l'ouverture des archives, des décisions successives au cours de ces années 1990-1994 montre qu'à chaque fois qu'un certain nombre d'options lui ont été proposées, François Mitterrand a toujours choisi dans le sens du maintien de l'engagement français, et bien souvent dans celui de son accentuation. C'est donc dans la vision que François Mitterrand pouvait avoir de la « question rwandaise » que se trouve la réponse aux questions posées plus haut.

D'un point de vue analytique, mieux vaut sans doute se placer ici à quelque distance. Comme l'a observé avec justesse, dans une tribune récente, le spécialiste des relations internationales Dominique Moïsi, il convient d'opposer le premier mandat présidentiel (1981-1988), marqué par un bilan *« globalement positif »*, notamment sur la crise des euromissiles, au second mandat (1988-1995), où sur les trois dossiers de la réunification allemande, de l'éclatement de l'ex-Yougoslavie, du Rwanda enfin, *« la France de François Mitterrand a eu des hésitations coupables ou a fait des choix contestables*[1] *»*.

Ces trois dossiers se tiennent en fait, dans la mesure où les choix effectués pour chacun d'eux par le président trouvent leur source dans un même système de pensée. Mais concernant le Rwanda, deux choses doivent être observées tout d'abord. François Mitterrand nourrissait une vision principalement ethnique de la crise dans les Grands Lacs, crise entrée dans une phase aiguë à partir de l'attaque déclenchée par le FPR à partir de l'Ouganda, à la date du 1er octobre 1990. À ses yeux – ses déclarations sur le sujet le montrent éloquemment, tout comme celles de son entourage immédiat –, une victoire militaire du FPR n'aurait eu d'autre résultat que d'imposer la domination d'une *« minorité tutsi »* à la *« majorité hutu »* du pays, victoire qu'il s'agissait donc d'empêcher. Tout en confondant majorité politique et majorité ethnique, négligeant l'aspect corrompu, violent, dictatorial et raciste du régime Habyarimana, ignorant le projet politique du FPR et la montée des oppositions au sein du pays, François Mitterrand n'est jamais parvenu à sortir de cette grille

**François Mitterrand nourrissait une vision principalement ethnique de la crise dans les Grand Lacs.**

1 - Dominique Moïsi, « Rwanda : la France trouve enfin les mots justes », *Les Échos*, 7 juin 2021.

de lecture à la fois univoque et tout simplement fausse. Les violences extrêmes qui, dès 1990, se sont déployées chaque année au Rwanda à l'initiative du pouvoir à Kigali et qui apparaissent comme autant de répétitions générales du génocide de 1994 – violences sur lesquelles la France était parfaitement renseignée – sont lues comme autant de violences « interethniques », là où il s'agissait au contraire de persécutions racistes organisées et couvertes par un État.

De même François Mitterrand relativisera-t-il, après coup, la gravité du génocide intervenu entre avril et juillet 1994, et de deux manières : d'une part en évoquant, lors du sommet franco-africain de Biarritz, le 8 novembre 1994, *« les génocides »* intervenus d'après lui au Rwanda (manière de relativiser le génocide des Tutsi au nom d'une sorte d'équilibre imaginaire entre ce dernier et les exactions avérées commises par l'Armée patriotique rwandaise lors de la guerre) ; d'autre part en déployant (toujours à ce même sommet de Biarritz) une forme d'essentialisme de la violence politique en Afrique, vision typiquement coloniale dans laquelle se lit clairement une opposition entre la barbarie et la civilisation : *« En vérité, vous le savez, aucune police d'assurance internationale ne peut empêcher un peuple de s'autodétruire, et on ne peut pas demander non plus l'impossible à la communauté internationale, et encore moins à la France tant elle est seule, lorsque des chefs locaux décident délibérément de conduire une aventure à la pointe des baïonnettes ou de régler des comptes à coups de machette. »* François Mitterrand apportait ainsi la preuve que le déclenchement du génocide, puis son accomplissement, n'avaient nullement modifié sa ligne de pensée initiale.

À cette première ligne de lecture s'ajoute une seconde préoccupation, venue la renforcer : elle a trait à la défense des intérêts de l'Afrique francophone (dont le Rwanda était un représentant) face à la poussée d'une Afrique anglophone jugée menaçante. La Tanzanie et surtout l'Ouganda apparaissaient dans la région comme autant de ses postes avancés, tout comme le FPR lui-même, dont beaucoup de membres avaient grandi en Ouganda après les grands exils des débuts de la Ire République à la fin des années 1950 et au début des années 1960. Cette poussée jugée menaçante était activement soutenue, pensait-on, par les États-Unis et le Royaume-Uni, et il s'agissait donc de s'y opposer avec vigueur. Cet argument « géolinguistique », qui paraît après coup si dérisoire, a pourtant constitué une composante très importante des options prises par le président François Mitterrand sur le dossier rwandais.

Sans doute conviendrait-il de faire entrer d'autres aspects en ligne de compte. Ainsi, quel rôle ont joué les liens personnels noués entre la famille Habyarimana et Jean-Christophe Mitterrand, conseiller pour les Affaires africaines jusqu'en 1992 au sein du cabinet présidentiel, dépourvu de toute compétence véritable dans le domaine mais occupant indûment ce poste décisif au titre de simple fils du président ? De même, quel rôle ont joué les liens personnels entre François Mitterrand et son homologue rwandais, liens qui, à plusieurs reprises, se sont révélés précieux lorsqu'il s'est agi pour celui-ci d'infléchir, grâce à ses contacts directs, la politique française dans un sens souhaité par le pouvoir en place à Kigali ? Il faudrait aussi prendre en compte les effets de l'état de santé de plus en plus dégradé de François Mitterrand : pour autant, les archives semblent montrer que jamais celui-ci n'a abandonné la décision à quiconque. Bien qu'indiscutablement infléchie par la cohabitation avec le gouvernement Édouard Balladur à partir de 1993, la politique suivie au Rwanda a bien été, de 1990 à 1994, la sienne propre.

## *Une jeunesse française*

Raison de plus pour tenter de s'interroger sur les sources possibles d'une vision d'ensemble ayant abouti à des conséquences aussi tragiques. Comme le rappelle Dominique Moïsi, *« si François Mitterrand s'est "trompé" à plusieurs reprises pendant cette période, c'est que ses grilles de lecture n'étaient plus adaptées au monde nouveau qui avait surgi depuis la chute de Berlin en novembre 1989 »*. C'est bien de cela qu'il s'agit en effet.

On sait à quel point la sensibilité intellectuelle et politique de François Mitterrand avait été durablement marquée par un substrat droitier profondément intériorisé au cours sa période de formation, lors des années 1930. Sans être un maurassien au sens strict du terme, il est certain que son apprentissage politique d'avant-guerre s'était fait, pour lui comme pour tant de « jeunesses françaises » de son époque, sous l'ombre portée de la pensée maurassienne d'une Action française qui avait atteint, pendant l'entre-deux-guerres, l'apogée de son influence intellectuelle. Or la rigidité dogmatique du système de pensée de son inspirateur a eu pour conséquence que cette idéologie n'avait pas fondamentalement évolué depuis le moment de sa cristallisation initiale : à la fin de l'affaire Dreyfus, et donc à la charnière du XIXe et du XXe siècle.

Précisément, il est frappant d'observer à quel point les grilles de lectures auxquelles se réfère François Mitterrand lors de son second septennat puisent dans ces représentations caractéristiques du début du siècle : une obsession de la puissance allemande, à la fois économique et démographique, obsession qui rejouera à plein dans le regard porté par le président sur le processus de réunification allemand ; l'amitié indéfectible de la France avec la Serbie, trempée dans la Grande Guerre, qui le poussera à refuser toute politique de force à son encontre lors de l'éclatement de la Yougoslavie, avec les conséquences que l'on sait pour les Bosniaques tout particulièrement ; une méfiance de principe à l'égard des puissances anglo-saxonnes, et que François Mitterrand poussa jusqu'à l'obsession dans le dossier rwandais. À cela s'ajoute une vision néocoloniale de l'Afrique : celle-ci est lue en termes principalement ethniques, ce qui déterminera l'interprétation présidentielle de la crise rwandaise. Cette vision se nourrit en outre d'un pessimisme foncier : la violence étant supposée inhérente au continent africain, le président n'hésitera pas, on l'a vu, à relativiser celle qui se déploya lors du génocide de 1994.

Ainsi le rapport Duclert n'a-t-il pas tort d'évoquer une *« défaite de la pensée »* pour caractériser la politique suivie par la France au Rwanda entre 1990 et 1994. Au-delà des fautes si graves commises par son entourage, cette défaite doit être attribuée d'abord à François Mitterrand lui-même.

# Une longue errance

## La justice française et la « complicité de génocide » au Rwanda

*Joël Hubrecht*

Le naufrage politique, institutionnel et intellectuel de la France au Rwanda est désormais établi et officiellement reconnu. Juste avant d'en récapituler les principaux écueils, le rapport de la commission Duclert fait cette courte incise : *« La France est-elle pour autant complice du génocide des Tutsi ? Si l'on entend par là une volonté de s'associer à l'entreprise génocidaire, rien dans les archives consultées ne vient le démontrer*[1]. *»*

Cette observation lapidaire a été abondamment reprise et commentée dans les médias. De hauts responsables de l'époque, certains contrits, d'autres arrogants, s'en sont félicités et y ont accroché les oripeaux de leur « honneur perdu ». D'autres commentateurs, en faisant remarquer l'absence de pénalistes au sein de la commission, ont critiqué une définition sommaire de la complicité, en inadéquation avec celle utilisée en droit. Toutefois, la notion de « complicité » a également été écartée, trois semaines après, dans un autre rapport, rédigé cette fois par des avocats du cabinet américain Muse, mandaté par le gouvernement rwandais pour *« mener une enquête approfondie afin de déterminer le rôle de l'État français*[2] *»*. Le ministre des Affaires étrangères du Rwanda, Vincent Biruta, a ensuite assuré que son pays ne considérait pas ou – si l'on se réfère aux

1 - Commission de recherches sur les archives françaises relatives au Rwanda et au génocide des Tutsi, *La France, le Rwanda et le génocide des Tutsi (1990-1994). Rapport remis au président de la République le 26 mars 2021* [rapport Duclert], Paris, Armand Colin, 2021, p. 971.

2 - Robert F. Muse, *Un génocide prévisible. Le rôle de l'État français en lien avec le génocide contre les Tutsi au Rwanda* [rapport Muse], 19 avril 2021. La consultation du rapport n'est plus possible sur le site du gouvernement rwandais.

accusations formulées en 2014 par le président Kagame[3], ne considérait plus – l'État français complice du génocide et n'envisageait pas de lancer des poursuites judiciaires devant la Cour internationale de justice ou à l'encontre d'anciens responsables politiques et militaires.

Les deux rapports ont été réciproquement salués par les présidents français et rwandais, qui s'en sont saisis pour consolider un rapprochement diplomatique déjà amorcé avec l'élection de Louise Mushikiwabo à la direction de l'Organisation internationale de la francophonie en 2018. Bien que distincts dans leur méthodologie et leur corpus d'analyse, les deux rapports convergent globalement. Le rapport Duclert, en se montrant bien plus sévère dans ses conclusions que le rapport de l'Assemblée nationale de 1998, et le rapport Muse, en apparaissant nettement moins à charge que le rapport Mucyo de 2008[4], réduisent sensiblement le fossé entre les points de vue officiels antérieurs : *« les deux textes se sont épaulés plutôt que contredits*, estime Stéphane Audoin-Rouzeau, *renforçant ainsi la crédibilité des enquêtes menées de part et d'autre*[5] *»*. Pour autant, ils ne coïncident pas entièrement, le rapport Muse réfutant la notion d'*« aveuglement »* face à un génocide dont le cabinet indique (dans l'intitulé même de son rapport) qu'il était *« prévisible »* et que c'est bien la France qui l'a *« rendu possible »*. Le débat est donc loin d'être achevé et, fort des acquis du travail de la commission Duclert, de l'ouverture des archives à d'autres chercheurs, du croisement avec d'autres fonds d'archives français et étrangers, il se poursuivra dans le champ scientifique, mais aussi politique et judiciaire.

## La recherche de complicités

Évidemment, le débat juridique est complexe et, surtout sur le plan pénal qui s'attache aux responsabilités individuelles, il ne peut être tranché de manière globale et abstraite. Le droit français n'est pas identique au droit rwandais ou à celui appliqué au Tribunal pénal international pour

3 - Voir François Soudan, « Paul Kagame : "Je ne conseille à personne de se mêler des affaires intérieures du Rwanda" », *Jeune Afrique*, 15 avril 2014.

4 - Ainsi, le rapport Muse constate n'avoir *« rencontré aucune preuve que les responsables et le personnel français ont participé aux meurtres de Tutsi »*.

5 - Stéphane Audoin-Rouzeau, « Rapports Duclert et Muse : le pouvoir français face à la crise rwandaise » [en ligne], *Telos*, 5 juillet 2021.

le Rwanda (TPIR)[6]. La question nécessite d'être examinée dans le cadre d'affaires spécifiques et sur la base de décisions et de comportements précis. L'existence d'une chaîne d'autorité parallèle, mise en place par le président Mitterrand et son état-major personnel pour court-circuiter les institutions républicaines, permet de prendre la mesure de la dérive de la politique française au Rwanda, mais ne suffit pas pour caractériser la complicité. Pour cela, il faut prouver que le complice avait conscience que les personnes qu'il aidait nourrissaient une intention génocidaire, sans forcément partager lui-même leur intention, et qu'il a apporté au « fait principal punissable » (c'est-à-dire à la commission des actes de génocide) une aide directe et substantielle. Ces éléments (moral et matériel) doivent être réunis pour entraîner une condamnation.

On pourrait sans doute faire valoir que les autorités françaises ont apporté au régime d'Habyarimana une aide politique et militaire « directe et substantielle » de 1990 à 1993, et que les durs du régime en ont tiré profit pour l'organisation du génocide. Mais il sera plus difficile de démontrer qu'il y avait, chez des responsables français, une conscience de l'existence d'un tel projet ou de l'utilisation de leur assistance à des fins génocidaires (avec, par exemple, l'informatisation du fichier central du renseignement rwandais). Inversement, il n'y a aucun doute que les décideurs ont à l'esprit le contexte génocidaire lorsqu'ils déploient au Rwanda les troupes de l'opération Turquoise le 22 juin 1994 (une note de la DGSE pointait même le risque pour la France d'être considérée comme complice des forces génocidaires). Mais il n'y a pas de preuves irréfutables qu'une aide « directe et substantielle » ait été apportée aux génocidaires et encore moins à la commission des massacres.

Bien avant la retentissante enquête de la Fédération internationale pour les droits humains et de l'association Survie en janvier 1993, le risque génocidaire (même si le terme n'est pas employé) est perçu par certains acteurs au sein des institutions. Mais de manière éparse et minoritaire : *« La lecture ethniciste du Rwanda est systématique dans les analyses des autorités françaises*[7]*. »* Lorsque les massacres éclatent, l'Élysée et le gouvernement

6 - Par exemple, le concept d'« entreprise criminelle commune » est inconnu des juges français. Basé à Arusha, le TPIR a mis en accusation quatre-vingt-treize personnes. Le mécanisme qui a pris son relais n'émet plus de nouveaux actes d'accusation. Aucune poursuite contre des responsables français n'y est donc envisageable.

7 - Rapport Duclert, p. 848.

(de cohabitation) parlent de *« guerre civile »* ou de *« massacres interethniques »*. Même si le génocide a bel et bien commencé, il ne sera pas évident de prouver, alors que le terme de génocide est également réfuté à l'ONU, qu'il y avait une conscience du génocide en cours chez les responsables français lors de l'opération Amaryllis (extraction des ressortissants) ou de la formation du gouvernement intérimaire rwandais (GIR) qui a été préparée dans les locaux de l'ambassade de France. C'est seulement le 16 mai 1994 que la France reconnaît officiellement le génocide, par une déclaration d'Alain Juppé, encore que, dans le texte de mission de l'opération Turquoise, il ne soit fait mention que de *« l'arrêt des massacres »*. Certes, connaissance n'équivaut pas à reconnaissance mais, surtout en droit, le diable sait comment se nicher dans les détails. D'autant plus que l'incrimination de génocide n'a été introduite que tardivement dans le Code pénal français : en 1994 ! Ce qui rend encore plus improbable une condamnation des faits antérieurs à l'entrée en vigueur de cette loi.

Dans le cadre de l'opération Turquoise et de la politique élyséenne de cette période, c'est la détermination du caractère direct et substantiel de l'aide au génocide qui constitue le principal défi. Les questions à se poser, clairement identifiées par Rafaëlle Maison[8], sont les suivantes : la France a-t-elle directement contribué à la composition du GIR et jusqu'à quel point l'a-t-elle soutenu politiquement (elle le considérait comme le gouvernement légal du Rwanda), militairement (en facilitant la livraison d'armes), stratégiquement (en lui garantissant temporairement une partie du territoire du Rwanda *via* Turquoise) et judiciairement (en laissant les criminels s'échapper) ? Sur tous ces points, les archives analysées par la commission ne sont pas concluantes mais le rapport reconnaît que, concernant les livraisons massives d'armes opérées avant 1994, la documentation reste lacunaire ou pourrait même avoir été falsifiée, et qu'après le début du génocide, *« il est impossible de rendre compte avec certitude de l'existence de flux d'armes transitant de la France vers le Rwanda*[9] *»*. Sous bien

8 - Voir Florent Guénard, « La France et le génocide rwandais. Entretien avec Rafaëlle Maison » [en ligne], *La Vie des idées*, 7 mai 2021. Rafaëlle Maison a coprésidé la commission d'enquête citoyenne sur l'implication de la France au Rwanda, qui a publié son propre rapport : Laure Coret et François-Xavier Verschave (sous la dir. de), *L'Horreur qui nous prend au visage. L'État français et le génocide au Rwanda*, Paris, Karthala, 2005. Voir aussi l'analyse juridique qui l'accompagne, par le président de la commission : Géraud de La Pradelle, *Imprescriptible. L'implication française dans le génocide tutsi portée devant les tribunaux*, Paris, Les Arènes, 2005.

9 - Rapport Duclert, p. 810.

des aspects, l'obsession anti-Front patriotique rwandais de Mitterrand et du général Christian Quesnot ou les ambiguïtés et la mauvaise foi du gouvernement entraînent la politique française et son armée aux frontières de la complicité avérée avec les génocidaires. Ainsi, un télégramme « confidentiel diplomatie » du 15 juillet 1994, émis par le Quai d'Orsay, enjoint son représentant sur place d'établir des contacts *« indirects »* avec les dirigeants du GIR pour les avertir de quitter la zone avant que l'ONU ne demande officiellement leur arrestation. Et c'est bien avec l'aval du président François Mitterrand que l'exfiltration des responsables du génocide a été décidée. Pour autant, si la « zone humanitaire sûre » créée dans le sud-ouest du Rwanda par la France a pu servir de base arrière et de repli au GIR et aux Forces armées rwandaises, elle n'a pas été un sanctuaire pour y poursuivre en son sein le génocide. Sous couvert d'intervention humanitaire, l'action de la France s'est tenue au bord de la compromission fatale, toujours sur le fil. Mais elle fut empêchée ou assez prudente pour ne pas aller jusqu'à apporter une aide directe et substantielle au génocide.

**Sous couvert d'intervention humanitaire, l'action de la France s'est tenue au bord de la compromission fatale, toujours sur le fil.**

C'est du moins ce qui ressort du rapport, tant que l'on ne sera pas parvenu à préciser ce que recouvrait (ou devait recouvrir) exactement la « stratégie indirecte » de soutien évoquée par le général Quesnot. Or, comme l'admet la commission, le fonds d'archives auquel elle a eu accès est limité et incomplet. Des pièces manquent : une partie des archives de l'ambassade a volontairement été brûlée par l'ambassadeur Jean-Michel Marlaud, celles de l'état-major personnel de François Mitterrand sont lacunaires, celles de Jean-Christophe Mitterrand ont disparu, etc. De plus, *« l'administration de la preuve – en histoire comme devant la justice – ne repose pas sur la seule force probante de l'écrit. Les témoignages des Rwandaises* [accusant certains soldats français de viols] *ne revêtiraient-ils donc aucune valeur au regard d'une forme de fétichisme de l'archive scripturaire*[10] *? »* Il faut prendre en compte bien d'autres sources et examiner la diversité des cas de figure pour ne pas se limiter au *« syllogisme trop englobant »* déduisant la complicité de la France du seul fait qu'elle a aidé les autorités rwandaises et qu'un génocide a été

10 - Hélène Dumas, « Rwanda-France : au plus près de la matérialité du génocide des Tutsi » [en ligne], *AOC*, 11 mars 2021.

commis. Même si, par-delà les difficultés d'ordre juridique, *« le principal écueil à la poursuite en France d'éventuels complices français est vraisemblablement d'ordre politique*[11] *»*.

## Les plaintes pour complicités françaises

De fait, les procédures pour complicités ouvertes en France sont peu nombreuses et ont peu de chance d'aboutir. Le 3 mai 2021, le parquet de Paris a ainsi requis un non-lieu général dans l'enquête sur l'inaction des militaires de Turquoise lors des massacres commis sur la colline de Bisesero à la fin de juin 1994, réduite à une possible *« non-assistance à personne en péril »*, c'est-à-dire un simple délit déjà prescrit. Aucun des cinq officiers généraux visés par l'enquête n'ayant été mis en examen, il est peu probable que les juges d'instruction décident de relancer l'instruction. Les plaignants s'appuient sur la publication du rapport Duclert pour demander la poursuite de l'enquête et l'élargir à d'anciens hauts responsables politiques. L'hypothèse de complicités par abstention pour des personnes *« dont c'est précisément la fonction d'empêcher la commission des crimes »* existe en droit. Le rapport Duclert a exhumé les rushes des opérateurs vidéo de l'armée et restitue le chassé-croisé des rapports, notamment celui, consternant, du capitaine Marin Gillier, le 28 juin 1994, décrivant les raids contre les Tutsi comme des raids contre une activité militaire du FPR et suggérant la coopération avec le bourgmestre voisin, et celui du lieutenant-colonel Jean-Rémi Duval, tiré de ses observations du 27 juin mais envoyé le 29, décrivant la détresse des 2 000 civils tutsi pourchassés et l'implication du bourgmestre de Gishyita dans leur extermination. Derrière ce problème de fiabilité et de transmission des renseignements, on voit en fait transparaître les deux logiques opposées qui traversent Turquoise (contrer le FPR et sauver des vies) et *« le tournant dans la prise de conscience du génocide »*. La commission en parle comme d'*« un échec et un drame »* sans y voir le résultat d'une *« collusion »* ou la volonté de laisser des massacres se perpétrer[12].

11 - Damien Roets, « Le génocide des Tutsi du Rwanda : la thèse des complicités françaises au prisme des exigences du droit pénal », *Revue de science criminelle et de droit pénal comparé*, n° 1, 2015, p. 25.
12 - Rapport Duclert, p. 511.

L'ex-capitaine Paul Barril fait également l'objet d'une enquête. Le 28 mai 1994, alors qu'un embargo sur les armes a été décrété par l'ONU, ce dernier conclut avec Jean-Pierre Kambanda, Premier ministre du GIR, un accord d'assistance d'armement et de formation/encadrement au bénéfice des forces génocidaires. L'aide promise est directe et substantielle et Barril parfaitement conscient de sa finalité. C'est manifestement un « complice français » du génocide. Mais cela ne vaut pas « complicité de la France », dans la mesure où les liens de Barril avec les autorités françaises demeurent obscurs. Certains le considèrent comme un pion de la « stratégie indirecte » évoquée par Quesnot. Cet officier, ancien membre du GIGN et de la cellule antiterroriste de l'Élysée passé à son « propre compte », a beau avoir l'air d'un barbouze de la Françafrique, en l'absence de traces sinon d'une mission officielle du moins de contacts et d'un mandat officieux, il paraît difficile de l'incriminer en tant qu'exécutant des basses œuvres de l'État français, même si ses activités étaient suivies[13].

Autre « acteur privé » visé par une enquête pour complicité de génocide, également en lien avec l'achat d'armes par le GIR pendant le génocide, mais cette fois en qualité de personne morale : la BNP. La banque est visée par une plainte déposée en juin 2017 pour avoir donné son accord au transfert d'1,3 million de dollars entre la Banque nationale du Rwanda et un courtier d'armes sud-africain. Le Rwanda étant à cette date sous embargo onusien pour les armes et le génocide en cours, la banque aurait dû refuser cette transaction à la suite du contrôle (obligatoire) sur la destination des fonds. De plus, l'acheminement des 80 tonnes d'armes ayant été reconstitué (*via* l'aéroport de Goma où stationnait l'armée française), il sera peut-être possible de faire le lien avec leur utilisation dans des massacres. L'instruction est en cours, mais on est encore loin de l'ouverture d'un procès. La démarche des plaignants est légitime, dans la mesure où elle éclaire les failles d'un système financier

13 - Il aurait pourtant été important qu'il puisse au moins être jugé en tant que complice du génocide pour le contrat passé au nom de sa société (dénommée Secrets, ça ne s'invente pas !). Hélas, il est peu probable que le vieil homme de 75 ans qu'il est devenu, atteint de la maladie de Parkinson, ne soit un jour appelé à comparaître. Les recherches sur ses activités et les liens de sa société devraient toutefois être poussées plus avant, y compris dans un cadre non judiciaire, pour lever le voile sur les nombreuses zones d'ombre qui subsistent à leur sujet. L'ouvrage le plus complet à ce jour sur les activités de Paul Barril au Rwanda est : Benoît Collombat et David Servenay, *« Au nom de la France ». Guerres secrètes au Rwanda*, Paris, La Découverte, 2014. Est-il besoin de préciser que le livre publié par Barril la même année sous le titre très évocateur, *Paroles d'honneur. La vérité sur les génocides au Rwanda* (Paris, Télémaque, 2014) peut servir d'objet d'étude sur le négationnisme, mais aucunement de source fiable ?

qui s'accommode fort bien de servir les intérêts des dictateurs et des seigneurs de guerre, mais elle n'est pas sans risque. En effet, un non-lieu ou un acquittement pourrait refermer la brèche ouverte et, en se focalisant sur une condamnation pénale très incertaine, on désinvestit le débat au niveau des responsabilités morales et sociales des entreprises. La bascule est similaire à celle entre l'insignifiance que revêt aujourd'hui la responsabilité politique des élus et des dirigeants – ce dont ils sont d'ailleurs en grande partie eux-mêmes la cause – et le déplacement sur le terrain judiciaire de la contestation de leurs décisions. Ce glissement est d'autant plus problématique que le système judiciaire n'est pas non plus exempt de critiques, en particulier concernant le Rwanda.

## Hauts et bas de la justice française

La justice française a du mal à se débarrasser des soupçons de mauvaise volonté qui pèsent sur elle. Elle a même été condamnée par la Cour européenne des droits de l'homme en 2004 pour sa lenteur dans l'affaire du prêtre Wenceslas Munyeshyaka. À cette époque, la Belgique avait déjà mené à terme plusieurs procès, alors qu'aucun n'avait encore été ouvert en France. Non seulement la justice française semblait partager les réticences politiques envers la poursuite des réfugiés suspectés de génocide, mais l'enquête la plus spectaculaire, celle du juge Jean-Louis Bruguière sur l'attentat du 6 avril 1994, semblait répondre à un ordre du jour politique dans le bras de fer opposant Kigali et Paris.

Accréditant la thèse de l'attentat perpétré par le FPR et d'un Kagame diabolique déclenchant et instrumentalisant le génocide à son profit, cette enquête superficielle a été conduite exclusivement à charge[14]. Elle est fondée sur des témoignages peu fiables, de faux documents produits dans le cadre d'opérations d'intoxication et sur les conseils « bien avisés » de Paul Barril, entremetteur de l'interprète-expert de l'enquête (un associé de Barril étroitement rattaché au cercle d'Habyarimana) qui promet au juge monts et merveilles proba-

**L'ordonnance du juge Bruguière reste emblématique de la longue errance de la justice française sur le Rwanda.**

14 - Voir Rafaëlle Maison et Géraud de Geouffre de la Pradelle, « L'ordonnance du juge Bruguière comme objet négationniste », *Cités*, n° 57, 2014, p. 79-90.

toires. Ni les exécutants ni les commanditaires de l'attentat n'ont été à ce jour identifiés avec certitude. Rétrospectivement, l'écroulement de l'échafaudage du juge Bruguière ne laisse pourtant guère de doutes quant à la faiblesse de la thèse soutenue *mordicus* par l'Élysée dès le lendemain de l'attentat, alors même que plusieurs États étrangers – et, en France, la DGSE – estimaient plus probable la responsabilité des extrémistes hutu autour des colonels Laurent Serubuga et Théoneste Bagosora. L'ordonnance du juge Bruguière du 16 novembre 2006 reste ainsi emblématique de la longue errance de la justice française sur le Rwanda.

Pourtant, la reprise en main du dossier par les juges Marc Trévidic et Nathalie Poux en 2008 marque une première rupture. Les juges mènent sur place une expertise balistique qui montre que l'origine du tir est à chercher au cœur du quartier général de la garde présidentielle (inaccessible au FPR) et décident le classement sans suite du dossier. La rupture avec l'immobilisme judiciaire est manifeste avec la création d'un pôle génocide au tribunal de grande instance de Paris en 2011. Un premier procès se tient en 2014 à l'encontre de Pascal Simbikangwa, un ancien haut responsable des services secrets rwandais, puis en 2016 celui d'Octavien Ngenzi et de Tito Barahira, deux anciens bourgmestres. Le procès de Laurent Bucyibaruta, l'ancien préfet de Gikongoro, se tiendra en 2022, soit vingt-deux ans après le dépôt de la plainte en 2000 par le Collectif des parties civiles pour le Rwanda (CPCR)[15].

De même, la France n'est plus pour les génocidaires le havre de paix et d'accueil qu'elle a longtemps été quand, par exemple, en 1998, Augustin Ngirabatware, ancien ministre du GIR, se voyait délivrer par le Quai d'Orsay une *« carte spéciale »* tenant lieu de titre de séjour. Il a depuis été extradé vers le TPIR, qui l'a condamné pour génocide à trente ans de prison. En mai 2020, le « financier du génocide », Félicien Kabuga, a été arrêté à Asnières-sur-Seine, où il vivait clandestinement depuis une douzaine d'années, pour être à son tour envoyé à Arusha, où le mécanisme qui a pris le relais du TPIR va le juger. Enfin, la loi de 2017, qui réprime la négation du génocide des Tutsi et qui a donné lieu à des condamnations, est un dernier signe tangible du tournant pris par la justice française.

**15 - Cette association, créée par Alain et Dafroza Gauthier en 2001, est à l'origine de la plupart des plaintes déposées en France contre des suspects de génocide au Rwanda.**

Pour autant, les années perdues sont impossibles à rattraper. Fin 2021, la France ne peut se prévaloir que de trois condamnations de génocidaires, alors qu'une trentaine de plaintes sont regroupées au pôle génocide (désormais intégré au pôle anti-terroriste) de Paris. Parmi ces dernières, on trouve celles qui visent Laurent Serubuga (en attente du réquisitoire du Parquet), de l'ex-gendarme Philippe Hategekimana et des médecins Sosthène Munyemana et Eugène Rwamucyo (tous trois envoyés aux assises et en attente de procès). Les autres sont au mieux au stade de la clôture de l'instruction ou en cours d'instruction, voire seulement au stade préliminaire de l'information judiciaire. C'est le cas pour Agathe Kanziga, la veuve du président Habyarimana, qui est pourtant l'une des protagonistes de la mise en place du génocide.

## *L'intolérable impunité d'Agathe Kanziga Habyarimana*

Bien qu'elle ait tenté de se faire passer pour une simple épouse, indifférente aux questions politiques dont son mari avait la charge, Agathe Habyarimana est depuis longtemps considérée comme l'instigatrice de l'Akazu (« petite maison » en kinyarwanda), un réseau de pouvoir parallèle réunissant le « clan du Nord ». Des années durant, les activités de ce clan impulsent et scandent la montée vers le génocide. Ses membres s'opposeront farouchement et jusqu'au bout aux accords de paix d'Arusha, que la France soutient en s'alliant à un président en perdition, entouré d'un noyau dur d'intrigants haineux, et non aux opposants modérés favorables à la négociation.

Cette confusion entre acteurs et victimes du génocide apparaît encore plus crûment lors de l'opération Amaryllis, organisée par la France du 8 au 14 avril 1994 afin d'évacuer ses ressortissants. Le rapport Duclert établit que *« l'évacuation des personnes rwandaises menacées n'est d'emblée pas une priorité »*, à l'exception notable de *« l'évacuation de la veuve de Juvénal Habyarimana et de sa famille* [qui] *est une demande originelle et personnelle de François Mitterrand*[16] *»* et qui bénéficia à sa parentèle au sens large (70 personnes sur les 394 Rwandais exfiltrés par les troupes françaises). La protection de la France est donc sélective : elle ne s'embarrasse pas des

**16 - Rapport Duclert, p. 368.**

employés tutsi, la plupart abandonnés sur place, ni des Hutu libéraux immédiatement pris pour cible (voir les difficiles conditions d'évacuation de la famille de la Première ministre assassinée, Agathe Uwilingiyimana).

À son arrivée à Paris, Agathe Habyarimana et sa famille sont pris en charge. Elle décide de repartir quelque temps en Afrique (au Congo, puis au Kenya), avant de revenir s'installer définitivement en France. Toutefois, bien que six de ses enfants aient obtenu le statut de réfugiés, voire la nationalité française, l'ancienne Première dame s'est vue débouter de l'asile en 2007, puis privée de titre de séjour en 2011, si bien qu'elle est depuis des années sans statut légal. Le document de la commission des recours des réfugiés, daté de février 2007, établit clairement *« la réalité de l'influence prépondérante de l'intéressée dans le fonctionnement du pouvoir politique tel qu'il s'est réellement exercé au Rwanda de 1973 à 1994, notamment par un rôle de coordinatrice occulte de différents cercles politique, économique, militaire et médiatique*[17] *»*.

À la même époque, en février 2007, le CPCR dépose plainte contre elle pour *« complicité de génocide et de crimes contre l'humanité »*. Mais quatorze ans après l'ouverture de l'enquête préliminaire, aucune mise en examen n'a été signifiée à Agathe Kanziga, si bien que ses avocats réclament un non-lieu. Les juges d'instruction ont rejeté leur demande en novembre 2020, et la cour d'appel de Paris l'a jugé *« irrecevable »* le 31 août 2021, mais on ignore quand ils comptent clôturer leur enquête puis déposer leur réquisitoire. Il ne s'agit pas de s'acharner sur une vieille dame de 79 ans, mais de refuser à l'impunité le dernier mot. C'est tout le sens de l'imprescriptibilité en matière de crimes de génocide et l'intérêt des procès même tardifs de Barbie et de Papon en France ou, plus récemment, d'un subalterne nazi de 93 ans, Bruno Dey, en Allemagne.

Un autre principe qui tend à s'imposer pour les crimes internationaux les plus graves est celui d'« extrader ou juger » *(aut dedere aut judicare)*. C'est au nom de cet adage que la Belgique et l'Union africaine ont sommé le Sénégal de juger Hissène Habré, l'ancien président du Tchad y étant exilé. Pourquoi en serait-il autrement à Paris qu'à Dakar ? Kigali a émis un mandat d'arrêt international à l'encontre d'Agathe Habyarimana, mais les arrêts rendus par la Cour de cassation en février 2014 bloquent les

**17 - Commission des recours des réfugiés, « Mme Agathe Kanziga, veuve Habyarimana », recours n° 564776, 15 février 2007, disponible sur le site de l'UNHCR.**

extraditions de suspects rwandais vers le Rwanda (de manière d'ailleurs fort discutable au regard de la jurisprudence de la Cour européenne des droits de l'homme). On est donc en droit d'attendre de la justice française une mise en examen et un procès. Certes, la « veuve noire », en dépit de sa sinistre notoriété, a agi discrètement, dans l'ombre de son mari (et peut-être à la fin dans son dos). De plus, son influence a été plus forte et plus directe lors de la phase préparatoire du génocide que lors de son exécution, du fait de son exfiltration en France. Cela explique l'absence de poursuites au TPIR, qui s'est concentré sur les génocidaires actifs sur le territoire rwandais entre avril et juillet 1994. Mais justement, n'a-t-on gardé aucune trace de son activisme sur le sol français, alors que ses démarches en faveur du GIR pouvaient recueillir l'assentiment des autorités françaises ? Ou, un peu plus tard, de ses contacts lors de ses déplacements au Congo et au Kenya ? Comment comprendre que l'enquête traîne depuis si longtemps ? Laisser une des figures éminentes du génocide contre les Tutsi finir tranquillement ses jours en France serait indigne et en contradiction avec la dénonciation des égarements institutionnels du passé qu'a soulevés le rapport de la commission. L'ouverture de son procès est une responsabilité dont la France doit s'acquitter aujourd'hui pour que la justice puisse être rendue.

# Le refoulé de l'histoire

## La politique mémorielle d'Emmanuel Macron

***Emmanuel Laurentin***

Dans le feuilletage des politiques commémoratives, le président de la République tient un rôle essentiel. Là où les municipalités et collectivités territoriales nomment rues et places du patronyme des grands hommes et, encore trop rarement, de grandes femmes, là où les associations et groupes de mémoires cherchent à réparer les injustices de l'histoire et à faire resurgir du passé des figures oubliées, le chef de l'État essaie – souvent en vain – de donner une cohérence aux multiples commémorations et journées du souvenir pour lesquelles on sollicite son parrainage.

C'est ainsi qu'autour de François Hollande s'est élaboré, lors de son quinquennat, le concept de « paix des mémoires ». Après le mandat, très heurté dans ce domaine, de Nicolas Sarkozy, qui n'avait pas réussi, par exemple, la seule panthéonisation qu'il avait envisagée, en raison du refus de la famille d'Albert Camus, le *« président normal »* avait insisté sur la nécessité de ne pas exacerber les conflits de mémoire déjà présents dans la société française. Pour lui, *« alimenter la guerre des mémoires* [signifiait] *rester prisonnier du passé »*. Au moment où il imagine de succéder au président Hollande dont il a été le ministre, Emmanuel Macron choisit donc de reprendre et d'amplifier ce discours, en faisant de la réconciliation des mémoires une marque distinctive de son programme présidentiel.

## *S'affranchir des vieux clivages*

En se rendant en Algérie pendant sa campagne, en février 2017, et en y parlant de *« crime contre l'humanité »* pour qualifier la colonisation, Emmanuel Macron a pris un risque et provoqué les protestations de la plupart de ses opposants. Mais le risque était savamment calculé. D'abord parce que pour danser le tango, il faut être deux et que le candidat savait combien le gouvernement algérien, habitué à envoyer ses anciens combattants en première ligne pour dénoncer le « génocide » commis par la France pendant la guerre d'indépendance, n'a aucune volonté de voir s'écrire une autre histoire de la colonisation et de la décolonisation. La réconciliation entre la France et l'Allemagne a pris plusieurs décennies ; celle entre la France et l'Algérie n'est imaginable que dans un horizon lointain, une fois le régime algérien profondément transformé. Ensuite parce qu'Emmanuel Macron a bien pris soin, dans les explications qu'on a alors exigées de lui, de distinguer les crimes de la colonisation de celles et ceux qui ont vécu cette même colonisation : eux *« n'étaient pas des criminels contre l'humanité »*. Une explication de texte qui lui a permis alors de faire le diagnostic d'une société française *« bloquée dans le refoulé »*, favorisant parfois un *« irrédentisme dans la République »*, mais qu'il devrait être possible de débloquer par l'action politique présidentielle[1].

En effet, avant son élection, Emmanuel Macron avance déjà l'idée que cette *« réconciliation des France »*, esquissée dans son livre-programme *Révolution*, passe par un tressage entre le travail des historiens et les acteurs du temps présent[2]. Une façon *« d'apaiser les choses »* en tentant le difficile pari de garder d'un côté le récit ou roman national et d'accepter de l'autre le travail critique des historiens. Pour convaincre de sa capacité à restaurer une *« juste distance »* entre mémoire et histoire, Macron pouvait se prévaloir de son travail auprès du philosophe Paul Ricœur lors de l'écriture de *La Mémoire, l'histoire, l'oubli*[3]. En plus de son expérience au ministère de l'Économie, il étoffait sa stature de présidentiable en renvoyant l'image d'un candidat lettré et doté d'une solide expertise sur ces questions. Les contestations, d'autant plus âpres qu'elles émanaient d'autres proches et

1 - Arthur Berdah, Paule Gonzalès, Paul-Henri Du Limbert et Anne Rovan, « Macron : "Je n'ai de leçon d'amour de la République à recevoir de personne" », *Le Figaro*, 16 février 2017.

2 - Emmanuel Macron, *Révolution*, Paris, XO Éditions, 2016.

3 - Paul Ricœur, *La Mémoire, l'histoire, l'oubli*, Paris, Seuil, 2000.

spécialistes du philosophe, quant à la profondeur de cette filiation et au respect de son héritage intellectuel, ont certes écorné cette belle image ; il n'en demeure pas moins qu'il bénéficiait sur ce sujet d'une légitimité et d'une aura particulières.

*« Paix des mémoires »* : le pays est-il à ce point divisé qu'un vocabulaire de fin de conflit soit nécessaire ? Depuis le XIXᵉ siècle, la France a fait de l'enseignement et de la transmission de son histoire un puissant vecteur d'unité nationale et de réconciliation après la rupture révolutionnaire. Mais les leçons de *« l'instituteur national »* que fut Ernest Lavisse au début du XXᵉ siècle ne correspondent plus à la France du XXIᵉ siècle. Cependant, une certaine nostalgie d'un récit unifié a rendu à nouveau populaires les héros de l'histoire de France dont le rôle avait été nuancé par la recherche universitaire. Depuis le début des années 2000, l'usage de plus en plus fréquent du terme de « repentance » a bloqué, dans un conflit frontal, promoteurs d'une histoire glorieuse de la France et défenseurs d'une histoire de grand vent, déconstruisant les mythes et ouverte aux avancées d'une histoire mondiale et connectée.

Se rappelant les leçons de Paul Ricœur, Emmanuel Macron candidat tient là de quoi se différencier de ses concurrents. Il comprend que, pour prendre acte de la transformation majeure d'une société dans laquelle le nombre de descendants de colonisés a augmenté, le récit national français doit évoluer, mais sans affoler pour autant une France déboussolée par sa perte d'influence mondiale. Il choisit donc de se placer à mi-chemin de ces approches opposées, une fois encore, pour mieux s'affranchir des *« vieux clivages »* en faisant *« en même temps »* des déclarations qui divisent et des promesses de réconciliation.

C'est ainsi qu'il tente de tenir par les deux bouts à la fois la promotion de la *« fierté française »* et le souci de réconcilier les appartenances à la nation : *« L'histoire de France n'est pas un coton tendu, c'est de la moire, il y a des parts d'ombre dans la République*[4]*. »* Le bicentenaire de la Révolution française en 1989 ou les procès liés à la Seconde Guerre mondiale dans les années 1990 avaient montré combien les débats historiques pouvaient diviser le corps politique. Une histoire contre-révolutionnaire avait en effet resurgi dans les années 1980, tandis que des nostalgiques de Vichy reprenaient la plume pour défendre la mémoire et le rôle de Pétain.

**4 - Emmanuel Macron dans « La Fabrique de l'histoire », sur France Culture, le 9 mars 2017.**

Les acteurs politiques contemporains des grands conflits du XX$^{e}$ siècle disparaissant peu à peu de la scène politique, les dossiers de la colonisation et de ses crimes, de l'esclavage, de l'Algérie et de l'action de la France dans l'Afrique des indépendances ou au Rwanda sont ouverts. Et certains peuvent être utilisés, en France comme à l'étranger, comme des leviers pour mettre en difficulté la diplomatie française et l'action gouvernementale.

## *Faire le clair : la ligne mémorielle*

Une fois les premières décisions économiques prises par le nouveau pouvoir, la ligne mémorielle à suivre commence donc à se dessiner.

### Commémorer

Dans un premier temps, comme son prédécesseur, Emmanuel Macron ne peut échapper à la commémoration de la fin de la Première Guerre mondiale, dont le centenaire a donné lieu à un engouement particulier dans le pays. François Hollande en a fait l'une des lignes de force des commémorations nationales, mais il revient à son successeur de conclure ces quatre années de souvenir. Il lance donc une *« itinérance mémorielle »* dans onze départements de l'ancien front, mêlant passé historique et présent économique. Pendant six jours, en novembre 2018, il multiplie dépôts de gerbe et bains de foule, rencontre son homologue allemand à Strasbourg. Cette mise en scène ravive la figure du marcheur qui est allé à la rencontre des Français lors de sa campagne. Mais les insultes qui fusent contre le président, lors de ses déplacements et rencontres avec les foules, préfigurent le mouvement des Gilets jaunes, tandis que le demi-hommage controversé à Pétain ne laisse pas présager un apaisement du débat public. Le mélange de relance économique pour des régions visitées où le chômage est important et de manifestations de salut aux morts ne convainc donc pas. Mais la panthéonisation de Maurice Genevoix, en novembre 2020, reprend la séquence de la Grande Guerre avec plus de réussite.

L'exercice de la panthéonisation est difficile à mettre en œuvre tant il est délicat de trouver des figures de sainteté laïque, porteuse d'actions derrière lesquelles un pays divisé peut se rassembler. Emmanuel Macron a donc choisi de faire entrer Simone Veil et son époux Antoine, et tout récemment Joséphine Baker, après avoir écarté Arthur Rimbaud et Gisèle Halimi.

## Restituer

Aux yeux d'Emmanuel Macron, les seules commémorations ne font pas une politique mémorielle. Elles doivent être doublées d'un travail historique sur les sujets difficiles qui déchirent le tissu national. Il s'attaque d'abord à un dossier négligé par ses prédécesseurs : les restitutions d'œuvres et de trophées de guerre saisis lors des conquêtes coloniales. Les plus sensibles sont bien sûr les restes humains. En effet, pour humilier l'adversaire ou étudier la diversité ethnique à l'aune d'une science coloniale marquée par la hiérarchisation raciale, des têtes ou des corps de rebelles à la colonisation ont fini, après avoir été exposés comme trophées, dans les réserves de musées parisiens. Suivant l'exemple de ses prédécesseurs, qui avaient rendu le corps de Saartje Baartman, la « Vénus hottentote », à l'Afrique du Sud en 2002, et le crâne du guerrier kanak Ataï à la Nouvelle-Calédonie en 2014, Emmanuel Macron fait sortir des réserves du Musée de l'homme les dépouilles de vingt-quatre Algériens, morts au combat contre les troupes françaises lors de la colonisation du XIXe siècle. Il faut bien avouer qu'aucun conservateur ne se bat alors pour les garder tant elles sont encombrantes.

Ce n'est pas le cas pour des objets d'art plus prestigieux, comme ceux qui peuplent les salles d'exposition du Musée du quai Branly. Quelques mois après avoir été élu, en novembre 2017, le président français se rend en visite officielle au Burkina Faso et, devant les étudiants de l'université de Ouagadougou, promet de faire en sorte qu'en cinq ans, *« les conditions soient réunies pour une restitution totale ou partielle du patrimoine africain à l'Afrique »*. Une promesse traduite rapidement par la commande d'un rapport sur ce thème à l'historienne de l'art Bénédicte Savoy et à l'économiste sénégalais Felwine Sarr[5].

Bénédicte Savoy, professeur au Collège de France et à l'université technique de Berlin, est spécialiste de ce qu'elle appelle les *« translocations patrimoniales »* : vols délibérés d'œuvres d'art, trophées militaires, enrichissements de collections publiques ou privées à l'occasion de

5 - Felwine Sarr et Bénédicte Savoy, *Restituer le patrimoine africain*, Paris, Seuil/Philippe Rey, 2018.

conquêtes[6]. Sa position, exposée dans ses cours, est connue : ces œuvres doivent retourner là où elles ont été saisies et tous les prétextes avancés par les conservateurs de musée, tels que la protection des chefs-d'œuvre de l'art mondial dans de bonnes conditions, ne rentrent pas en ligne de compte lorsque ces objets n'ont pas été acquis dans des conditions claires.

Un dirigeant européen, Silvio Berlusconi, a d'ailleurs, avant ses homologues, restitué les quelques objets volés par Mussolini lors de la conquête de l'Éthiopie par le régime fasciste, dont l'obélisque d'Axoum, si volumineux que l'Italie mit six ans à trouver les moyens pour le réinstaller à son emplacement d'origine. Mais il a rendu aussi la Vénus de Cyrène à la Libye de Kadhafi contre la promesse faite par celui-ci de mieux contrôler l'émigration clandestine vers l'Europe. Une occasion pour le gouvernement italien d'avancer malicieusement que bien des pays européens pourraient s'inspirer de ces exemples pour restituer les œuvres volées au fil des siècles sur le sol italien.

## Reconnaître

En même temps que la réception du rapport Savoy-Sarr, à l'automne 2018, Emmanuel Macron se rend auprès de la veuve du mathématicien Maurice Audin, disparu en 1957 à Alger sans que l'armée française ait reconnu sa responsabilité dans la torture et la mort de ce militant pour l'indépendance de l'Algérie. Le texte publié par l'Élysée s'ouvre par une citation de l'historien Pierre Vidal-Naquet, qui s'engagea, à l'époque, contre la torture. Le président de la République *« reconnaît, au nom de la République française, que Maurice Audin a été torturé puis exécuté ou torturé à mort par des militaires qui l'avaient arrêté à son domicile. Il reconnaît aussi que si sa mort est, en dernier ressort, le fait de quelques-uns, elle a néanmoins été rendue possible par un système légalement institué : le système "arrestation-détention", mis en place à la faveur des pouvoirs spéciaux qui avaient été confiés par voie légale aux forces armées à cette période »*. Ce texte a été rédigé par les services de l'Élysée, en dialogue avec l'association Josette et Maurice Audin portant la mémoire de ces disparus de la guerre d'Algérie.

6 - Voir Bénédicte Savoy, *Patrimoine annexé. Les biens culturels saisis par la France en Allemagne autour de 1800*, préface de Pierre Rosenberg, Paris, Éditions de la Maison des sciences de l'homme, 2003. Voir aussi B. Savoy, *Objets du désir, désir d'objets. Histoire culturelle du patrimoine artistique en Europe (XVIII*e*-XX*e* siècle)*, Paris, Fayard/Collège de France, 2017.

Ce geste inédit provoque une réaction attendue, celle de Marine Le Pen, qui dénonce alors *« un acte de division, pensant flatter les communistes »*, et les craintes de certains hauts gradés, comme l'ancien chef d'état-major Henri Bentégeat, que ces *« règlements de compte du passé »* n'entachent *« la réputation d'une armée qui se comporte de manière irréprochable depuis vingt ans en opérations extérieures »*. L'Algérie demeure bien la plus grande question mémorielle à régler pour le président. Des millions de Français, descendants de pieds-noirs, de harkis ou d'immigrés venus d'Algérie depuis les années 1960, ont un souvenir traumatique de ce dernier conflit colonial de la France. Le président demande donc un nouveau rapport à l'historien Benjamin Stora, qui avait déjà conseillé ses prédécesseurs sur l'histoire partagée qui resterait à écrire entre la France et l'Algérie.

Ce *« rapport sur les questions mémorielles portant sur la colonisation et la guerre d'Algérie »*, commandé en juillet 2020, préconise entre autres la création d'une commission « Mémoire et vérité » qui pourrait proposer une liste de dates commémoratives, recueillir la parole des témoins douloureusement touchés par la guerre ou encore la création d'une stèle en hommage à l'émir Abd el-Kader à Amboise, ainsi que la restitution de son sabre à l'Algérie. Elle pourrait aussi travailler à la localisation des sépultures des disparus algériens et français de la guerre ou la recherche des lieux d'inhumation des condamnés à mort exécutés. Bien d'autres recommandations complètent ce dispositif mémoriel et historique, puisque Benjamin Stora imagine que les deux pays puissent faciliter le travail des étudiants des deux rives pour faire avancer la recherche, grâce à une ouverture plus grande des archives. L'Élysée prend rapidement acte d'une des propositions de Benjamin Stora : il reconnaît enfin, en mars 2021, que l'avocat nationaliste Ali Boumendjel a bien été torturé et assassiné par l'armée française en 1957.

**L'Algérie demeure bien la plus grande question mémorielle à régler pour le président.**

Dans un difficile équilibre, après avoir reconnu la responsabilité de la France dans l'assassinat de ce leader indépendantiste, Emmanuel Macron rend hommage, le 20 septembre 2021, à ceux qui sont considérés par Alger comme des traîtres, les harkis. Pour la première fois, dans un discours solennel, un président leur demande pardon, tout en leur promettant une loi « de reconnaissance et de réparation » avant la fin de son quinquennat. La cause des harkis étant traditionnellement plaidée par la droite et l'extrême droite, il retire aussi à cette opposition politique un argument dans une campagne qui coïncidera en 2022 avec le soixantième anniversaire de la fin de la guerre d'Algérie.

## *Ouvrir les archives*

Dernier rapport en date, celui commandé à l'historien Vincent Duclert sur le rôle du gouvernement français dans le soutien au gouvernement qui allait accomplir le génocide des Tutsi du Rwanda. Ce travail, remis aussi en mars 2021, s'attaque à ce qui est le plus dur à entendre dans la « patrie des droits de l'homme » : la participation de l'armée à des crimes de guerre, voire à des crimes contre l'humanité.

On sait en effet combien, au début des années 2000, il fut difficile pour des militaires français de reconnaître – alors que les témoins de l'époque les avaient dénoncés et que le travail des historiens les montrait – les actes de tortures systématiques auxquels l'armée avait procédé pendant la guerre d'Algérie. Le discours de « refus de la repentance », croissant depuis le début des années 2000, trouvait là un écho favorable. Si le général Paul Aussaresses avait accepté d'assumer sa responsabilité dans la torture, tout en affirmant haut et fort que c'était un pouvoir civil qui avait validé son usage, nombre de ses compagnons d'armes n'acceptaient pas cette remise en cause. Mais le cas rwandais est plus grave puisqu'il engage militaires et politiques à faire face à des accusations de complicité de génocide. En demandant un rapport sur ce thème, Emmanuel Macron connaît les risques encourus mais, comme Nicolas Sarkozy avant lui, peut arguer de sa jeunesse pour vouloir faire le clair sur des actes qui engagent la génération politique précédente.

Chacune des deux parties, la France et le Rwanda, a jugé acceptable le compromis trouvé par le rapport Duclert : les responsabilités accablantes de l'Élysée sous François Mitterrand ont été reconnues, tandis qu'ont été mis en avant les éclaireurs qui auraient permis, s'ils avaient été écoutés, d'empêcher l'engrenage du génocide. L'état-major de l'armée française a également été épargné par le rapport, évitant ainsi une tension supplémentaire entre pouvoir civil et pouvoir militaire. Avec ce rapport, et le voyage accompli après sa publication par le président français au Rwanda, un cycle mémoriel complexe semblait se conclure.

## Points sensibles

Afrique, Algérie, Nouvelle-Calédonie, Rwanda, Polynésie : en quelques années, certains points sensibles du rapport d'un pays à son histoire coloniale ont été abordés. Ont-ils été réglés pour autant ?

En novembre 2018, un an après le discours de Ouagadougou, le rapport Savoy-Sarr est le premier d'une série d'actes mémoriels d'État construits sur le même modèle. La présidence passe commande à des universitaires indépendants d'un rapport présenté sans concessions, le président le reçoit et la communication élyséenne médiatise ce qui souhaite apparaître comme une étape dans une nouvelle politique mémorielle. En dépit du volontarisme affiché, l'accueil réservé à ce travail dans le monde de l'art et des musées est cependant assez distant, voire froid. Et les fruits ne tiennent pas les promesses des fleurs. Malgré un vote, en 2020, autorisant vingt-six objets réclamés par le Bénin à sortir des collections françaises, la restitution est toujours attendue à Cotonou. En effet, à Paris comme dans nombre de capitales européennes, collectionneurs et conservateurs de musée n'hésitent pas, dans une attitude offensante pour les pays concernés, à émettre des doutes sur leur capacité à conserver les objets restitués dans de bonnes conditions. Hormis un sabre remis au Sénégal par un grand amateur de *militaria*, le Premier ministre de l'époque Édouard Philippe, et la promesse de rendre des bronzes au Bénin, le flux de retour de ces chefs-d'œuvre s'est momentanément tari.

Sur le front algérien, peu de nouvelles. C'est là, semble-t-il, le point le plus sensible. La volonté affichée d'Emmanuel Macron ne se heurte pas qu'au manque d'empressement du pouvoir algérien. Malgré le nombre de contacts que Benjamin Stora y a établis, en février 2021, le porte-parole du gouvernement algérien affirme que le rapport *« occulte les revendications légitimes de l'Algérie, en particulier la reconnaissance officielle par la France des crimes de guerre et des crimes contre l'humanité, perpétrés durant les cent trente années de l'occupation de l'Algérie »*. Cependant, tout autant sinon plus qu'avec Alger, le rapport Stora offre l'occasion d'un débat national entre les multiples catégories de Français qui ont été affectées par la guerre et la fin de la colonisation. Ce débat reste à mener du fait du contexte pandémique de cette fin de quinquennat et peut-être aussi d'une certaine prudence vis-à-vis d'un électorat de droite – mal à l'aise, en dépit de l'héritage gaulliste, avec ce retour sur son histoire coloniale – et vis-à-vis d'une frange de l'opinion de gauche – mais qui a montré qu'elle entendait remettre en cause les politiques esclavagistes et visions colonialistes du passé.

*A contrario*, l'examen des responsabilités françaises dans le génocide des Tutsi, moins sensible pour une population qui se sent sans doute moins directement concernée – du fait du faible nombre de ressortissants ayant vécu au Rwanda et de la durée plus limitée de la présence française dans le pays (en comparaison de la Tunisie, de l'ex-Zaïre et d'autres pays du continent africain) –, est apparu plus aisé. Les rapports commandés par l'Élysée et par le président Kagame ont scellé le rapprochement déjà en gestation depuis plusieurs années. Le débat sur le Rwanda n'était pourtant pas sans risque et potentiellement générateur de tensions avec un certain milieu diplomatique français et surtout avec son armée.

À plusieurs reprises, le président de la République s'est affronté à certains secteurs de l'armée française. Dès avant son élection, le général à la retraite Christian Piquemal lui écrit une lettre ouverte, l'accusant de détruire *« la France ancestrale »* après sa déclaration d'Alger sur *« le crime contre l'humanité »*. À peine élu, la démission du chef d'état-major des armées, Pierre de Villiers, est un signe manifeste de tension entre l'armée et son chef. Et, alors que le quinquennat s'achève, la tribune de généraux à la retraite, parmi lesquels se trouve encore Christian Piquemal, complète le tableau en prétendant lutter contre *« le délitement »* de la France. Derrière la dénonciation de l'islamisme et de l'antiracisme, ces généraux à la retraite craignent qu'*« en lui arrachant son passé et son histoire »*, la France se dissolve.

Pour une partie du corps militaire, la politique mémorielle mise en œuvre est un danger, car elle met en cause des opérations passées dont les acteurs sont encore vivants. Certains avaient peu apprécié, par exemple, de voir exposer, en 2017, aux Archives nationales, un ordre écrit signé par un conseiller de l'Élysée pendant la guerre d'Algérie, commandant l'assassinat d'un Allemand qui soutenait le Front de libération nationale. Mais, là encore, le débat mémoriel n'engage pas seulement un échange entre les populations et les institutions de France et de l'étranger. Il a aussi une dimension intérieure, comme l'illustre la question des essais nucléaires au Sahara et en Polynésie.

Dès avant son élection, Emmanuel Macron avait annoncé vouloir en finir avec le refoulé de l'histoire. En paroles, la promesse a été tenue. Mais comment y croire quand, dans les actes, ce même pouvoir fait voter, dans le cadre d'une loi sur la prévention du terrorisme, des articles refermant l'accès aux archives qui ont permis aux historiennes et historiens d'élaborer ces multiples rapports ? Des articles défendus dans l'hémicycle par la ministre de la Défense elle-même. Le travail de mémoire ne peut s'exonérer d'un travail d'histoire, qui ne reste possible que par le croisement des sources. Ces sources, jugées sensibles par leurs producteurs, doivent être accessibles dans les délais légaux sans être soumises au *nihil obstat* des autorités émettrices.

—

L'histoire ne s'écrit pas seulement avec des déclarations solennelles. Celles-ci doivent être suivies d'actions concrètes et fortes pour aller jusqu'au bout du chemin et permettre à la France de regarder son passé en face. La mémoire d'un pays est la somme complexe de volontés antagonistes. C'est une arène qui offre un spectacle à ses citoyens mais aussi aux autres nations. Elle doit aujourd'hui s'ajuster aux soubresauts des enjeux mémoriels venus d'ailleurs, comme le mouvement Black Lives Matter l'a montré, et prendre acte du fait qu'une partie de la jeunesse ne trouve plus ses référents historiques sur le sol national, mais dans des figures et des événements mondialisés. La politique mémorielle d'un président qui voulait en faire une des marques de son quinquennat montre combien le maniement symbolique de la mémoire, de l'histoire et de l'oubli est complexe. Au point de se demander si la seule volonté d'un homme peut gouverner l'inattendu, les irruptions du passé dans notre présent, et maîtriser les injonctions contradictoires de mémoires réactivées.

# Ce sable sur lequel on bâtit

## La politique française au Sahel

***Jean-Baptiste Jeangène Vilmer, Denis Tull et Thierry Vircoulon***

***L'opération Barkhane a sans doute représenté l'engagement le plus ambitieux des forces françaises en Afrique[1]. Comment interpréter la décision, annoncée en juin dernier par le président de la République, de réduire de moitié ses effectifs au profit des forces spéciales et d'un appui en renseignement et dans les airs ?***

**Jean-Baptiste Jeangène Vilmer –** Il ne s'agit pas de partir, mais de se redéployer différemment, c'est-à-dire de s'adapter. De ce point de vue, c'est une décision lucide et réaliste, au sens où elle tient compte des contraintes de la réalité. En effet, en dépit des efforts et des sacrifices consentis par les hommes et les femmes déployés et des gains tactiques obtenus, l'opération Barkhane n'a pas permis d'obtenir une victoire stratégique. Tout simplement parce que cette victoire ne dépend pas d'elle : la force armée est nécessaire mais insuffisante. Les gains opérationnels qu'elle produit doivent être consolidés par les États sahéliens qui sont les seuls à pouvoir stabiliser durablement la région. Cela implique des capacités, mais aussi et surtout une volonté politique de s'investir dans certaines régions – par exemple, le nord du Mali – qui, en l'occurrence, semble faire défaut.

Ensuite et au-delà du cas français, la tendance à privilégier une stratégie de présence minimale *(light footprint)*, en réduisant les effectifs

1 - Lancée le 1er août 2014, l'opération Barkhane (du nom d'une forme particulière de dunes de sable) est conduite par l'armée française, avec l'appui de cinq États du Sahel et du Sahara (Burkina Faso, Mauritanie, Mali, Niger et Tchad) et d'autres alliés, pour contrer les groupes armés terroristes actifs dans cette région.

déployés mais en recourant davantage aux forces spéciales, à des frappes ciblées, notamment par drones, donc aussi au renseignement, caractérise l'interventionnisme militaire depuis les années 2000, à la suite des désillusions afghane et irakienne. Elle constituait déjà un aspect du *smart power* d'Obama, en réaction aux grands déploiements de l'ère Bush. La transformation de la présence française au Sahel s'inscrit donc dans une évolution générale et durable, qui pousse certains à parler de « guerre à distance » *(remote warfare)*, souvent pour la caricaturer (car, en réalité, elle continue pour un certain nombre de militaires de se faire « au contact »).

**Denis Tull** – Le gouvernement français a effectivement dû reconnaître que, malgré une opération coûteuse sur le plan financier et humain (et des succès tactiques), les grandes tendances politiques et sécuritaires ont été largement négatives au Sahel depuis au moins 2018. Transformer (et non pas retirer) le dispositif est une façon de prendre acte des limites de son approche et du faible retour sur investissement, surtout dans un contexte international dans lequel d'autres défis majeurs demandent de plus en plus d'attention et de ressources (la Chine, la Russie, la Méditerranée, la cyber-sécurité etc.). Mais le tournant majeur s'est produit avec la reconnaissance que l'engagement français n'a rencontré le soutien ni des opinions publiques, ni des élites politiques au Sahel. Pour certaines de ces dernières, Barkhane a été une aubaine : militairement, l'opération constitue une protection ; politiquement, elle a servi de bouc émissaire face à une population de plus en plus désespérée et qui se pose des questions bien légitimes sur les résultats de la présence française et internationale. Emmanuel Macron a reconnu publiquement et courageusement, lors du sommet de Pau en janvier 2020, que les relations entre Paris et ses « partenaires » au Sahel étaient difficiles et ambiguës, mais il n'a pas souligné les aspects problématiques de la politique française dans ce partenariat, comme la focalisation sur le terrorisme.

***Concernant la menace djihadiste, quels sont les risques sécuritaires au Sahel aujourd'hui ?***

**J.-B. Jeangène Vilmer** – Les opérations militaires produisent des effets : elles ont notamment porté des coups sérieux à l'État islamique au Grand Sahara et au Rassemblement pour la victoire de l'islam et des musulmans. Mais ces effets restent localisés et temporaires, à cause de l'absence ou de l'insuffisance de prise de relais par les forces de défense et de sécurité locales. Compte tenu de l'immensité du territoire (le Sahel est une région grande comme l'Europe), les groupes armés terroristes font face à une pression militaire forcément dispersée et inégale. Face à cette pression, mais aussi aux divisions et affrontements internes, ils font preuve d'une forte capacité de résilience et de régénération.

Dans ce contexte, la situation sécuritaire demeure préoccupante, voire se dégrade à certains endroits. L'insécurité persiste au Mali, en particulier au centre du pays, et la menace terroriste s'étend, notamment vers les pays côtiers. Des groupes armés terroristes sont actifs dans le nord du Bénin, l'est du Sénégal, le nord-est de la Côte d'Ivoire et le nord du Nigeria, où l'État islamique en Afrique de l'Ouest domine désormais le nord-est, avec le risque d'une continuité territoriale avec l'État islamique au Grand Sahara, sans parler de la multiplication des offensives de Boko Haram qui affecte déjà les États limitrophes, en particulier le Cameroun.

***La chute de Kaboul a interpellé de nombreux analystes : le scénario afghan va-t-il se répéter au Sahel ? Quelles leçons la France doit-elle tirer de ce désastre ?***

**Thierry Vircoulon –** Le désengagement américain en Afghanistan ne constitue pas une débâcle ou la fin de la suprématie militaire américaine, mais il marque certainement une évolution stratégique dans la « guerre contre le terrorisme » (expression impropre : il faudrait plutôt parler de la guerre contre le djihadisme). Cette guerre ne sera plus menée sous forme d'expéditions militaires classiques et lourdes mais sous une forme plus légère, selon la stratégie *light footprint* mise en œuvre en Somalie depuis deux décennies et qui a conduit à l'élimination des chefs successifs des Chabab.

L'engagement français au Sahel commençant à ressembler à l'enlisement américain, l'Élysée a pris cette direction : les effectifs déployés au Sahel sont réduits, le renseignement est au cœur de l'intervention militaire française et le recours aux raids et aux frappes aériennes s'est banalisé. Cette stratégie d'assassinats ciblés ne mettra pas fin au conflit mais, pour le gouvernement, elle présente l'avantage de diminuer le coût budgétaire et politique de la guerre contre le djihadisme. Chaque élimination est décrite dans le langage militaire comme un « succès tactique », mais les organisations terroristes et leur recrutement persistent, voire se renforcent à chaque « succès tactique ». On voit bien que les fronts djihadistes se multiplient en Afrique, le dernier en date étant apparu dans un pays majoritairement chrétien, le Mozambique. Avec le désengagement américain d'Afghanistan, une certaine forme de la guerre contre le djihadisme vient de prendre fin, y compris au Sahel, mais la guerre continue. Elle reste une guerre sans fin, car la victoire, qui consisterait en l'élimination complète de la menace, est impossible. Comme l'a montré l'écrasement relatif de Daech par la coalition sur le théâtre irako-syrien, nous ne pouvons pas vaincre le djihadisme, nous pouvons seulement le contenir et l'empêcher de prendre le contrôle de territoires stratégiques. Un gouvernement qui tiendrait ce langage de vérité aux Français se fait toujours attendre.

**J.-B. Jeangène Vilmer –** J'apporterais deux nuances. D'abord, parler d'« assassinat ciblé » est problématique, parce que cette expression – qui traduit improprement l'anglais *targeted killing* (et non *targeted assassination*) – présume l'illégalité de l'acte, un assassinat étant par définition illégal. Or, dans un contexte de conflit armé (comme c'est bien le cas au Mali), le fait de tuer un individu de manière ciblée (c'est-à-dire en sachant sur qui l'on tire ou, à tout le moins, sur qui l'on veut tirer – ce qui, en général, est préférable au fait de ne pas savoir) n'est pas illégal si, dans la conduite de l'opération, les principes du droit international humanitaire (distinction, précaution, proportionnalité, etc.) sont respectés – y compris pour une cible civile s'il est établi qu'elle « participe directement aux hostilités ».

Ensuite, l'expression de « guerre contre le terrorisme » n'a aucun sens, parce qu'on ne fait pas la guerre à une tactique, mais surtout, elle est ingagnable et sans fin, parce que l'objectif est en réalité de contenir la menace (qui ne disparaît jamais) sous un certain seuil d'acceptabilité sociale (d'ailleurs variable en fonction du contexte et, de fait, certaines sociétés s'habituent à vivre sous une menace permanente). D'une manière générale, il faudrait sortir de la dichotomie « gagner ou perdre une guerre », inapplicable à la plupart des conflits contemporains, et donc du modèle de l'intervention avec un début et une fin, qui crée des attentes légitimes mais toujours déçues. De ce point de vue, une manière de « détemporaliser » le redéploiement

**L'objectif est en réalité de contenir la menace sous un certain seuil d'acceptabilité sociale.**

français au Sahel serait de s'appuyer sur les forces permanentes dont nous disposons dans la région et, à partir d'elles, de projeter la force de façon ponctuelle pour maintenir la menace sous un certain seuil.

***La stratégie* light footprint*, d'origine américaine, influence l'action française au Sahel. Qu'en est-il des méthodes, d'origine française, de contre-insurrection ? Leur usage ne s'est-il pas renforcé avec l'évolution des formes conflictuelles (guerres asymétriques, terrorisme, conflits en zones urbaines, guerre psychologique) ?***

**D. Tull –** Si l'on entend par « contre-insurrection » une approche globale, où l'exercice de la violence est secondaire par rapport à l'établissement de nouvelles relations politiques locales, la France n'a pas mené de stratégie contre-insurrectionnelle au Sahel[2]. Sur le plan militaire, elle a poursuivi une campagne résolument axée sur le contre-terrorisme, dont la seule ambition politique est de créer un espace dans lequel l'autorité étatique peut être restaurée. Or « neutraliser des terroristes » s'est avéré insuffisant : d'autres éléments clés (la reconstruction de l'armée malienne, le processus de paix) sont nécessaires, mais Paris a exercé nettement moins d'influence en leur faveur que dans le domaine du contre-terrorisme. Si Paris a cherché à éviter une imbrication dans la politique locale, en soulignant qu'il mène d'abord une campagne contre-terroriste en soutien d'un État ami à partir de 2013 (l'opération Serval), cette stratégie s'est rapidement soldée par un échec, parce que la France est devenue partie prenante du conflit malien. En prônant le rétablissement de l'intégrité territoriale malienne et de l'autorité étatique dans le nord du pays, tout en demandant l'inclusion politique des rebelles touareg, Paris a pris le contre-pied de certaines élites politiques de Bamako. Cela a alimenté la contestation dont les politiques françaises font l'objet au Mali[3].

**T. Vircoulon –** Le second enseignement de ce qui s'est passé en Afghanistan concerne le discours sur « l'art de la guerre dans les pays pauvres ». Dans ces contextes où la guérilla a pour base sociale une population ultra-pauvre, les autorités américaines, britanniques,

2 - Voir Michael Shurkin, "France's war in the Sahel and the evolution of counter-insurgency doctrine", *Texas National Security Review*, vol. 4, n° 1, hiver 2020-2021, p. 35-60.
3 - Voir Denis M. Tull, « Contester la France : rumeurs, intervention et politique de vérité au Mali », *Critique internationale*, vol. 90, n° 1, 2021, p. 151-171.

françaises, etc., ont recyclé la pensée contre-insurrectionnelle héritée des guerres de décolonisation. Chez les Anglo-Saxons, la doctrine de la contre-insurrection a connu une renaissance spectaculaire, avec l'Irak et surtout l'Afghanistan, sous le vocable de *nation-building*. En 2006, les généraux David H. Petraeus et James F. Amos n'hésitaient pas à écrire : *"Soldiers and Marines are expected to be nation builders as well as warriors* [...] *They must be able to facilitate establishing local governance and the rule of law*[4]*."* L'idée de combiner le fusil et le chéquier (ou plutôt les valises de billets) étant remise au goût du jour, le monde du développement l'a conceptualisée avec « l'interdépendance entre sécurité et développement ». Au Sahel, la version française de cette réflexion est la stratégie « 3D » (diplomatie, défense, développement). Les actions civilo-militaires destinées à « gagner les cœurs et les esprits » sont la traduction contemporaine du plan Soustelle et des Sections administratives spécialisées, les « bonnes idées » de la guerre d'Algérie recyclées par nos dirigeants sans rencontrer de contradiction, dans une sorte d'amnésie collective[5]. Le principal problème de la doctrine contre-insurrectionnelle, quelles que soient ses variations nationales, c'est qu'elle n'a jamais permis de gagner une guerre. Elle est utilisée par les responsables politiques et militaires comme un outil de marketing stratégique pour expliquer que les guerres de guérillas sont gagnables alors que l'histoire contemporaine a montré qu'elles ne l'étaient pas (Indochine, Vietnam, Algérie, Afghanistan à l'époque soviétique). Le problème est formulé en quelques mots par Henry Kissinger à propos du Vietnam : *« Quand la guérilla ne perd pas la guerre, elle la gagne, quand une armée régulière ne la gagne pas, elle la perd*[6]*. »*

**D. Tull –** Ce n'est qu'à partir de 2017 que Paris a commencé à prêcher les vertus d'une approche intégrée des « 3D ». Malgré la place prioritaire du Sahel dans la rhétorique du gouvernement, les cinq États sahéliens ne représentaient en 2018 que 10 % de l'aide publique au développement française en Afrique, et le Mali seulement 2,5 %. Le fait que ces proportions soient restées stables depuis 2013 est surprenant

4 - David H. Petraeus et James F. Amos, « Préface », United States Department of the Army, *The U.S. Army/Marine Corps Counterinsurgency Field Manual*, n° 3-24, décembre 2006.
5 - Voir Thierry Vircoulon, « De l'Afghanistan au Mali : les leçons oubliées de l'interventionnisme militaire occidental » [en ligne], *The Conversation*, 11 janvier 2021.
6 - Henry A. Kissinger, "The Viet Nam Negotiations", *Foreign Affairs*, vol. 47, n° 2, janvier 1969.

et le gouvernement a tardivement pris des mesures correctives[7]. Mais au-delà des chiffres, il faut aussi s'interroger sur le discours qui prévaut sur le Sahel, en France et ailleurs. Ceux qui appellent des « solutions politiques » réclament une gouvernance plus efficace des élites locales, en matière de services publics, etc. L'absence de cette « bonne gouvernance » est schématiquement attribuée à un manque de capacités ou un manque de volonté des acteurs politiques. Tout se passe comme si un transfert de ressources et de compétences (de « capacités ») pouvait apporter la solution politique, ou plutôt technique, recherchée. Or le Mali est historiquement l'un des pays les plus dépendants de l'aide publique au développement, ayant reçu en moyenne trois fois plus que d'autres pays africains depuis les années 1960[8]. Ce fait ne soulève pas seulement des questions sur la complicité et les responsabilités des bailleurs sur la période précédant la crise, mais nous oblige aussi à interroger les bases conceptuelles des « solutions » politiques et de développement, transférées d'un pays à l'autre. Depuis plusieurs années, je constate l'arrivée à Bamako de nombreux experts et conseillers en matière de stabilisation, développement, gouvernance, sécurité, etc., avec une expérience antérieure en Afghanistan et d'autres pays « en crise ».

***Comment relever ces défis politiques ? Quels liens devrions-nous chercher à entretenir avec les États du G5 Sahel, notamment avec les nouveaux pouvoirs en place au Mali et au Tchad, mais aussi avec les autorités locales ?***

**D. Tull –** La France se trouve dans une impasse due au fait que, depuis 2013, ses gouvernements ont représenté à leur opinion publique, restée largement indifférente, le Mali et puis le Sahel comme un enjeu sécuritaire. Le terrorisme est devenu la matrice de la politique française au Sahel. Certes, les autorités au Sahel dépendent de l'assistance française, mais il faut également reconnaître que Paris a besoin de la coopération des gouvernements sahéliens. Cette contrainte

**Le terrorisme est devenu la matrice de la politique française au Sahel.**

7 - Voir Cour des comptes, « Les actions militaires et civiles de la France dans les pays du G5 Sahel » [en ligne], avril 2021.

8 - Voir Catriona Craven-Matthews et Pierre Englebert, "A Potemkin state in the Sahel? The empirical and the fictional in Malian state reconstruction", *African Security*, vol. 11, n° 1, 2018, p. 1-31.

explique la position « pragmatique » adoptée vis-à-vis des gouvernements d'Ibrahim Boubacar Keïta et d'Idriss Déby, mais également les réactions feutrées de Paris face aux changements inconstitutionnels des gouvernements malien (2020) et tchadien (2021). Paris est pris dans le piège sécuritaire et je vois mal comment ce prisme évoluerait sous peu, surtout que les mouvements « djihadistes » continuent à progresser politiquement et territorialement. Paris n'a pas d'autonomie décisionnelle. Pour la retrouver, il faudrait que la France accepte une banalisation de ses relations avec les pays de la région, ce qui implique d'abandonner son ambition de prendre une place particulière au Sahel. Je doute que les décideurs français soient prêts à cela…

**J.-B. Jeangène Vilmer –** Il faut revoir les objectifs. On a beaucoup parlé du « retour de l'État », en particulier au nord du Mali. Mais souhaiter le « retour » de l'État (malien) présuppose qu'il exerçait auparavant un contrôle et une gouvernance satisfaisants. Or non seulement il s'agit d'un passé mythologique, mais cela revient aussi à plaquer un modèle exogène (une certaine idée de l'État) sur une réalité locale, et visiblement cela ne fonctionne pas – une nouvelle preuve des difficultés, voire de l'impossibilité, d'une « construction de l'État » *(state-building)* de l'extérieur. La France peut lutter contre les groupes terroristes et, sur le plan strictement militaire, elle a obtenu des résultats, mais ce n'est pas à elle de construire l'État ou de faire (re)venir les États locaux dans certaines régions. Elle peut seulement tenter de les convaincre de le faire.

Dans ce contexte, les principaux problèmes politiques sont le déficit de légitimité et de confiance entre les pouvoirs locaux et leurs citoyens, et la question épineuse des négociations avec les groupes armés terroristes. Ces dernières sont généralement improductives. Lorsqu'elles aboutissent à des accords locaux, elles ne constituent pas des réponses politiques mais des gains tactiques, des trêves qui ne résolvent en rien le problème de gouvernance. À l'échelle nationale, elles peuvent aussi cacher des objectifs différents, par exemple une réélection.

***Selon le président Macron, dans son discours du 28 novembre 2017 au Burkina Faso,* « il n'y a plus de politique africaine de la France ». *Avons-nous vraiment tourné la page de la « Françafrique » ?***

**D. Tull –** Cela fait un certain temps que la Françafrique n'est plus pertinente pour analyser les relations entre la France et l'Afrique, même si elle continue à se manifester ici et là, notamment dans l'affaire libyenne impliquant Nicolas Sarkozy. Toutefois, le processus de changement est forcément lent et contradictoire, comme le montre le quinquennat d'Emmanuel Macron. Ce dernier a affiché une plus grande volonté de changer la politique africaine de la France que ces prédécesseurs, sur des sujets tels que l'Algérie, le Rwanda, le franc CFA et la restitution des biens culturels. En même temps, il a marché dans les pas de ses prédécesseurs, notamment en termes d'interventionnisme militaire ou encore en donnant une assurance-vie au nouveau régime tchadien. Je crains que l'image de Macron à côté du fils Déby et les mots prononcés lors des funérailles du père laissent une trace plus durable dans les esprits africains que certains gestes ou discours bien intentionnés.

L'enjeu pour la France est de convaincre les Africaines et les Africains que la politique française est en train de changer, ce qui exige une politique de vérité et de franchise. Or Macron prononce la phrase que vous évoquez au moment où la France a déployé plus de 5 000 militaires au Sahel. Pour la jeunesse africaine à laquelle Macron s'adresse à Ouagadougou, et sans doute ailleurs dans la région, cette expression maladroite ne peut qu'être interprétée comme malhonnête ou comme un déni, mettant une fois de plus en lumière le décalage entre discours et pratique. D'autant plus que ces jeunes sont convaincus que l'importance de la France sur le plan international exige une empreinte africaine forte.

***Depuis 1963, cent vingt opérations extérieures ont été engagées par la France. Y a-t-il une singularité « interventionniste » de la France ?***

**J.-B. Jeangène Vilmer –** La France est en effet traditionnellement interventionniste, c'est-à-dire que, par rapport à la moyenne, elle utilise plus fréquemment la force militaire et elle hésite moins à le faire. À la longue liste des opérations effectuées s'ajoutent aussi celles qui ont failli avoir lieu, auxquelles la France était favorable et pour lesquelles elle était prête, comme l'intervention avortée contre le régime syrien, en septembre 2013, à la suite des attaques chimiques de la Ghouta. Néanmoins, la France sait aussi ne pas intervenir, comme en a témoigné son opposition à la guerre en Irak en 2003.

Cet interventionnisme n'est pas nouveau : il fait partie de l'*ethos* français, c'est-à-dire de l'image morale que la France a d'elle-même. Cette image est celle d'une grande puissance dont l'avantage concurrentiel réside en partie dans son siège permanent au Conseil de sécurité, sa dissuasion nucléaire et sa puissance militaire. Elle est aussi celle de « la patrie des droits de l'homme », prête à utiliser la force pour défendre des valeurs, comme en témoignent les doctrines de l'intervention d'humanité dès la fin du XIXe siècle et du droit d'ingérence dans les années 1980-1990. Peu importe que cette image soit faussée, que la France ne soit pas plus la patrie des droits de l'homme que le Royaume-Uni ou les États-Unis, et que le droit d'ingérence ait été largement contesté : ces représentations, même mythologiques, contribuent à l'identité française.

À cette raison culturelle, qui explique en partie la volonté d'intervenir, s'ajoutent la capacité de le faire et le fait institutionnel que, contrairement à certains de nos alliés, le président n'a pas besoin de l'autorisation du Parlement pour déclencher l'usage de la force. De ce point de vue, l'opération Serval reste souvent citée comme un modèle de force expéditionnaire. Il existe d'autres singularités françaises, qui témoignent d'une « culture stratégique » propre dans la pratique des interventions : la relative débrouillardise, la rusticité et la résilience des militaires français (dont on dit souvent qu'ils font beaucoup avec peu, en tout cas par comparaison avec les Américains), une relative acceptation du risque physique et des réserves vis-à-vis du modèle de la guerre « à distance ».

***Le pouvoir discrétionnaire qui caractérise les politiques de la France en Afrique a été l'un des ressorts de la dérive élyséenne au Rwanda dans les années 1990. Comment les démocratiser davantage ?***

**D. Tull –** Le manque de débat public et parlementaire sur les opérations extérieures reflète l'extrême verticalité du système politique français, surtout dans les domaines de politique étrangère et de défense. C'est une singularité parmi les démocraties européennes, dans desquelles le Parlement joue un rôle plus important quant au déploiement des forces armées, même si peu de pays vont aussi loin que l'Allemagne et son

« armée parlementaire » *(Bundeswehr)*. Certes, le contrôle parlementaire est contraignant, mais c'est précisément ce qui permet le débat public. L'argument selon lequel le besoin de pouvoir réagir dans de brefs délais exige une liberté exécutive n'est guère convaincant, dans la mesure où le Parlement pourrait au moins disposer de compétences sur le suivi des opérations en cours. D'ailleurs, un renforcement du contrôle parlementaire n'imposerait pas nécessairement de contraintes fortes sur l'armée. Ainsi, la décision initiale d'envoyer des troupes au Mali (opération Serval) a reçu le soutien presque unanime des partis politiques et des médias. Ce n'est qu'à la suite de la mort de treize soldats, en novembre 2019 (dans un accident d'hélicoptère), que la classe politique française a adopté un positionnement plus critique à l'égard de l'opération Barkhane.

**T. Vircoulon –** Le troisième enseignement que l'on peut retirer de la fin piteuse de l'expédition militaire américaine en Afghanistan est l'importance du mensonge d'État. Même – en fait surtout – dans une démocratie, la gestion politique de la guerre est fondée sur le mensonge. Aux États-Unis, il y a eu les *Afghanistan Papers* en 2019[9], comme il y avait eu les *Pentagon Papers* en 1971. La fuite de ces documents officiels sur l'Afghanistan nous ont appris que les gouvernements américains, de Bush à Trump en passant par Obama, ont berné leur population et leurs représentants. À près de cinquante ans d'écart, les deux fuites mettent en lumière la même vérité : les gouvernements ont prolongé et intensifié le conflit, alors même qu'au début, ils ne savaient pas où ils allaient et que, plus tard, ils savaient que la victoire était impossible.

Ces documents ne révèlent pas seulement les coulisses peu reluisantes de la gestion de la guerre (absence d'objectifs clairs, luttes de pouvoir bureaucratique, combats d'ego chez les chefs militaires, calculs politiciens, etc.), mais aussi le double langage du gouvernement. Dès 1965, les responsables américains savaient qu'ils ne pouvaient pas gagner la guerre du Vietnam (1955-1975). Dès 2002, les responsables politiques américains, qui prétendaient publiquement que des progrès étaient réalisés contre les talibans, admettaient le contraire en privé. Les rapports au Congrès sur les progrès réalisés étaient largement « optimisés » (c'est-à-dire bidonnés), le développement exponentiel de la corruption

9 - Voir Craig Whitlock, *The Afghanistan Papers: A Secret History of the War*, New York, Simon & Schuster, 2021.

était passé sous silence et l'armée afghane était décrite comme « en voie de professionnalisation »… Ces rapports sont aujourd'hui la preuve concrète de la dissimulation par un gouvernement démocratique de ses colossales erreurs de jugement et de leurs conséquences tragiques pour sa population – sans parler du mépris total pour le sort des populations du pays envahi.

Cette importance du mensonge d'État dans la conduite de la guerre trouve des échos dans la situation sahélienne. La stratégie des pays européens (la France en tête), qui consiste à déverser des milliards d'euros d'aide au Sahel pour stabiliser la région et former ses armées afin de se désengager, ne fonctionne pas : c'est ce qu'on a appelé la « vietnamisation du conflit » dans les années 1970 et, plus récemment, l'« afghanisation du conflit ». Les armées partenaires multiplient les massacres de civils, dans le silence total des formateurs européens, et, au Sahel comme en Afghanistan, l'aide favorise plus la corruption que le développement. Mais personne à Paris ni à Bruxelles n'est prêt à reconnaître l'évidence, car personne ne veut assumer cet échec stratégique majeur. La même logique du mensonge est donc à l'œuvre des deux côtés de l'Atlantique et elle va connaître le même sort à Paris qu'à Washington : la réalité va prévaloir sur le déguisement. Et ce d'autant plus que certains responsables commencent à l'avouer à demi-mot, comme Josep Borell, haut représentant de l'Union européenne pour les affaires étrangères et la politique de sécurité : *« Au Sahel, nous avons peut-être signé trop de chèques en blanc*[10]*. »* Compte tenu des milliards d'euros dépensés en vain, les contribuables européens apprécieront le *« peut-être »*… Si on veut intéresser les citoyens européens en général et français en particulier à ces engagements lointains, il suffit de leur dire combien ils coûtent… Aux États-Unis, un projet de recherche s'efforce de calculer le coût astronomique des interventions militaires américaines depuis le 11 septembre 2001[11]. Des universitaires européens seraient bien inspirés d'y songer afin d'inscrire cette question dans le débat public et ainsi d'encourager sa démocratisation.

**La même logique du mensonge est à l'œuvre des deux côtés de l'Atlantique.**

10 - Morgane Le Cam, « Josep Borell : "Au Sahel, nous avons peut-être signé trop de chèques en blanc" », *Le Monde*, 28 avril 2021.

11 - "The Costs of War Project", Watson Institute for International and Public Affairs, Brown University.

***Est-ce que* « l'Afrique a changé de regard sur la France », *comme le souhaite le président Macron*[12] *? Et réciproquement, est-ce que nous changeons notre regard sur nos voisins africains ?***

**D. Tull –** La politique du président Macron est assez ambiguë. Certes, il a entamé des démarches importantes en commandant des rapports sur le rôle de la France au Rwanda et en Algérie, ainsi que le rapport de Felwine Sarr et de Bénédicte Savoy sur la restitution du patrimoine culturel africain, qui a aussi incité d'autres pays, comme l'Allemagne, à se pencher davantage sur la question.

Dans le même temps, Macron met souvent en avant le changement générationnel, son souhait de ne pas rester bloqué dans un passé marqué par l'histoire coloniale, dans les « représentations d'hier », puisque ni lui-même ni les jeunes Africains n'ont connu l'Afrique comme un continent colonisé. Mais cette attitude ne se décrète pas ! Il sous-estime sans doute le poids et la présence historiques de la politique française en Afrique. Au Cameroun, pour prendre un cas où la France a un passé particulièrement sanglant, le passé n'est ni lointain, ni consommé. Il n'y existe même pas un début de débat qui jetterait les bases d'un regard réciproque changé, certes aussi du fait du régime de Paul Biya, au pouvoir depuis 1982.

Aussi faut-il se poser la question, en France comme ailleurs, de savoir si les relations avec l'Europe sont encore un enjeu majeur dans la façon dont les jeunes populations en Afrique se projettent dans l'avenir. En tenant compte d'un continent africain qui se globalise de plus en plus et d'une Europe qui se referme de plus en plus sur elle-même, de moins en moins d'Africains ont l'opportunité ou l'envie de considérer l'Europe comme un élément majeur de leur futur.

*Propos recueillis par Joël Hubrecht*

12 - Benjamin Roger et Marwane Ben Yahmed, « Emmanuel Macron : "Entre la France et l'Afrique, ce doit être une histoire d'amour" », *Jeune Afrique*, 20 juillet 2021.

# Varia

# Y a-t-il un avenir pour l'Afghanistan ?

***Entretien avec Olivier Roy***

*La prise de Kaboul par les talibans au cours du mois d'août 2021 soulève de nombreuses interrogations sur l'avenir politique de l'Afghanistan, l'état de la société et la condition des femmes afghanes. Au-delà des questions qu'appelle l'échec de vingt ans d'intervention militaire et humanitaire des États-Unis et de leurs alliés, les répercussions de l'événement risquent de se faire sentir d'abord dans les pays limitrophes et l'ensemble du Moyen-Orient, où l'on observe l'évolution de la situation avec la plus grande attention. Philosophe et politologue, spécialiste de l'islam politique, collaborateur de longue date de la revue* Esprit *dans laquelle il a publié de nombreux articles*[1]*, Olivier Roy répond ici aux questions du chercheur et journaliste turc Ruşen Çakır, dans un entretien réalisé le 18 août 2021 pour la plateforme d'information indépendante Medyascope. Ensemble, ils reviennent sur les guerres successives qui ont ravagé l'Afghanistan, les effets délétères de l'occupation américaine, et les scénarios envisageables aujourd'hui.*

**Ruşen Çakır** – ***Nous sommes très heureux de pouvoir évoquer l'avenir de l'Afghanistan avec un si fin connaisseur de l'islam politique, et de l'Afghanistan en particulier. Personnellement, je vous ai connu avec votre premier livre sur l'Afghanistan,*** **L'Afghanistan. Islam et modernité politique** ***(Seuil, 1985). Vous avez une expérience du pays longue de plus de quarante ans ; vous y avez habité pendant***

1 - Sur le parcours d'Olivier Roy, voir l'entretien « Paris-Dreux-Kaboul : itinéraire d'un chercheur », *Esprit*, février 2002, et « En quête de l'Orient perdu », *Esprit*, octobre 2014.

***l'occupation soviétique et le djihad afghan. Pouvez-vous nous faire un bref résumé de l'histoire du pays durant cette période ?***

Avant toute chose, il faut savoir qu'il y a cinquante ans, dans les années 1960 et 1970, l'Afghanistan était un pays paisible, qui jouissait d'un gouvernement relativement stable, malgré une administration très légère. La situation a commencé à se dégrader avec le coup d'État communiste de 1978, suivi par l'invasion soviétique de 1979. Depuis cette date, l'Afghanistan est en guerre constante : guerre contre les étrangers – les Soviétiques puis, plus tard, les Américains – et guerre civile, qui oppose des factions très différentes, divisées par des critères idéologiques, religieux, ethniques, tribaux, etc. Au cours de ces quarante années de guerre, il ne s'est jamais clairement détaché de vainqueur, sinon en 1996, quand les talibans venus du sud du pays ont conquis la ville de Kaboul. Il faut savoir aussi qu'on ne se bat pratiquement jamais dans Kaboul. Les habitants sont des spectateurs, qui assistent sans combattre à la prise du pouvoir. Ils ont laissé les Soviétiques entrer en 1979, et les moudjahidines reprendre la ville en 1992 ; ils ont laissé les talibans la récupérer en 1996, l'Alliance du Nord en 2001, et ils viennent de laisser les talibans reprendre la ville.

Je crois qu'il y a deux événements essentiels à prendre en compte. Premièrement, le départ des Soviétiques en 1989. Deuxièmement, la prise de Kaboul par les talibans en 1996[2]. Après avoir vaincu les Soviétiques, les moudjahidines ont été incapables de mettre sur pied un gouvernement d'union nationale. Il s'en est suivi une guerre civile qui opposait, schématiquement, l'Alliance du Nord, rassemblée autour du commandant Massoud, à un parti majoritairement pachtoune, dont le chef était Gulbuddin Hekmatyar. Les talibans ont profité de cette guerre civile et de l'exaspération des Afghans vis-à-vis des anciens moudjahidines, qui se comportaient comme des brigands, comme des bandits dans les campagnes. Ils ont tiré bénéfice d'un besoin de loi, d'ordre et de probité de la part de la population, ou du moins dans les campagnes. En d'autres termes, la marque des talibans

**La marque des talibans est d'abord leur prétention, fondée sur la charia, à assurer la loi et l'ordre en refusant la corruption.**

2 - Sur cette période dans l'histoire de l'Afghanistan, voir O. Roy, « Afghanistan, le retour des vieux démons », *Esprit*, octobre 1989.

est d'abord leur prétention, fondée sur la charia, à assurer la loi et l'ordre tout en refusant la corruption. Dans le sud du pays, cette stratégie a très bien fonctionné. Les talibans ont pu prendre Kaboul en 1996, mais se sont vu opposer des résistances dans le Nord, sur une base bien plus ethnique qu'idéologique. En effet, les talibans sont majoritairement issus de l'ethnie pachtoune, alors que les Afghans du Nord sont avant tout des Tadjiks, des Ouzbeks et des Hazaras, donc des chiites. L'opposition a donné lieu à une guerre civile qui a duré jusqu'en 2001.

À cette date, le 11-Septembre a marqué un tournant décisif avec l'intervention des États-Unis. Les Américains n'ont nullement pris part au conflit pour créer un État stable en Afghanistan ; ils ne sont pas intervenus pour libérer les femmes afghanes ou pour mettre fin à l'exercice de la charia. Ils sont intervenus pour tuer Ben Laden et se venger du 11-Septembre, pour détruire le régime taliban qui a soutenu Ben Laden et qui lui a donné asile. Évidemment, leur victoire a été très facile. En 2001, les talibans sont détruits et Ben Laden s'exile au Pakistan. Puis les Américains se trouvent chargés de la gestion de l'État afghan. Ils déversent d'abord des milliers de milliards de dollars sur le pays, puis essaient de mettre en place un État « moderne », autrement dit technocratique (en organisant des élections par exemple) sans tenir compte de ce que j'appellerais l'anthropologie politique afghane, et sans s'intéresser aux problèmes des tribus, des clans ou des ethnies. Ils font du *state-building*, et tâchent de construire un État à partir de zéro. En vain.

Le premier problème auquel se sont heurtés les Américains est celui de la corruption. La corruption était extraordinaire. On l'a vu par exemple avec l'effondrement de l'armée afghane. J'ai vu moi-même, en 2004, un bataillon afghan censé compter huit cents soldats, qui n'en comportait que vingt ! Les soldes étaient payées, puis récupérées par les fonctionnaires du ministère ou par les officiers. Sur le papier, il existait bel et bien un bataillon de huit cents personnes, mais dans la caserne il n'y avait que vingt soldats. Voilà qui explique très largement l'effondrement de l'armée afghane face aux talibans. Les Américains croyaient qu'avec l'argent on pouvait tout arranger. Mais c'est précisément l'argent qui corrompt. Et les talibans, eux, ont su conserver leur image d'incorruptibles, qui leur a valu le soutien de la population dans les campagnes. L'avenir dira ce qu'ils ont décidé d'en faire.

L'autre point capital est l'habileté avec laquelle les talibans savent jouer du système tribal, ou clanique. Ils savent négocier selon les règles traditionnelles de la société afghane. Que fait-on avant une bataille ? On négocie. Tel est l'usage. On va voir le commandant ennemi, on va voir les barbes grises, ou les mollahs, et on s'efforce de trouver un accord. Quand le premier coup de feu est tiré, c'est fini. Il n'y a pas de bataille s'il existe un accord préalable. Cela, les Américains ne l'ont pas compris. Ils ont débarqué en Afghanistan avec une idée fixe : « Nous sommes face à des terroristes islamiques, il faut les tuer. On ne négocie pas avec les terroristes islamiques. » Ils ont donc tué beaucoup de chefs talibans ; ils ont également infligé beaucoup de dégâts à la population civile. En conséquence, ils n'ont jamais réussi à rallier la population des campagnes. Parmi les urbains, en revanche, et notamment à Kaboul, on a assisté à une révolution culturelle. Kaboul a complètement changé en à peine vingt ans. Quand je me suis approché de Kaboul en venant du Tadjikistan en 1999, il n'y avait pas de téléphone portable, pas d'Internet, il n'y avait rien. Quand j'y suis retourné en 2004, cinq ans après, tout le monde avait un téléphone mobile, Internet se développait partout, puis tout le monde a ouvert un compte Facebook et tous les habitants de Kaboul ont commencé à communiquer sur les réseaux sociaux. Les moins de 30 ans, à Kaboul, ne se rappellent pas l'époque des talibans. Ils ont été élevés dans une culture très occidentale ; les filles sont allées à l'université, elles ont obtenu des postes dans l'administration, sont devenues cheffes d'entreprise, etc. Kaboul incarne donc une poche de culture tout à fait différente. C'est là que se situe le problème à présent, dans le contraste entre la ville de Kaboul, où les femmes en particulier ont pu jouir d'une promotion assez remarquable, et les campagnes qui sont restées extrêmement traditionnelles et conservatrices.

**RC – *Je voudrais revenir sur le grand fiasco du* state-building *par les Américains, les Occidentaux et l'Otan. La grande question pour l'avenir paraît être la suivante : les talibans ou les autres forces afghanes authentiques peuvent-ils établir un État fonctionnel en Afghanistan, ou une telle entreprise est-elle impossible, auquel cas il nous faut prendre acte de la division du pays selon les ethnicités ?***

Il faut bien avoir conscience qu'il existe déjà une tradition étatique en Afghanistan. L'Afghanistan comme pays s'est construit autour de l'émirat de Kaboul, au début du XIXᵉ siècle. Ce sont d'abord les émirs de Kaboul qui ont créé un appareil étatique – superficiel, certes – à même d'unifier l'Afghanistan et d'apporter une forme de résolution à la question ethnique : ce sont les Pachtounes qui, historiquement, ont dominé l'appareil d'État et l'armée, mais la langue nationale et la langue de culture était le persan. Autrement dit, les émirs de Kaboul n'ont jamais tenté d'imposer le pachtoune, ils ont toujours utilisé le persan comme langue de culture et comme langue d'administration. Or le persan est une langue d'intégration, puisqu'elle est commune à toutes les ethnies d'Afghanistan. Le persan n'est pas une langue ethnique. Je crois que les talibans vont reprendre cette stratégie à leur compte. Au fond, je crois qu'ils vont réactualiser des modes de gouvernement qui ne sont pas spécialement islamiques, mais qui relèvent plutôt de cette tradition historique afghane où, certes, le pouvoir est aux mains des Pachtounes, mais où ces derniers s'appuient sur une bourgeoisie et une *intelligentsia* persanophone et, surtout, parviennent à articuler le pouvoir central aux pouvoirs locaux. Voilà ce qui me semble décisif. Car les pouvoirs locaux ne sont pas des pouvoirs ethniques. Si vous allez à Kandahar ou à Mazâr-e Charîf, vous ne trouverez pas d'Ouzbeks ou de Pachtounes, mais ce que les Afghans appellent des *qawm*, des « groupes de solidarité », qui peuvent appartenir à n'importe quelle ethnie, et sont en constante rivalité dans des jeux d'équilibre et de conflits pour la terre, pour l'eau, pour le pouvoir local, etc. À mon sens, l'État afghan ne peut fonctionner que s'il sait composer avec les équilibres entre ces groupes locaux. Or les talibans savent très bien faire cela, et peuvent s'appuyer sur une longue tradition. En ce sens, plutôt qu'un éclatement selon des lignes ethniques, je crois qu'on s'achemine vers une sorte de revivalisme de la nation afghane, avec un État apparemment fort mais en vérité assez faible, qui sera toujours en train de négocier avec les autorités locales, et fera référence à la fois à l'islam et à l'afghanité. Je crois que les talibans sont des nationalistes. C'est pour cela qu'ils se sont engagés à respecter les frontières, qu'ils ont reconnu celle qu'ils partageaient avec le Pakistan – ce qui n'était jamais arrivé avec les régimes précédents – et qu'ils veulent construire un émirat islamique à l'intérieur des frontières reconnues de l'Afghanistan. Ils ont été très clairs là-dessus ; c'est d'ailleurs ce qu'ils ont fait quand ils étaient

**L'État afghan ne peut fonctionner que s'il sait composer avec les équilibres entre groupes locaux.**

au pouvoir pendant cinq ans, de 1996 à 2001. Ils ont tiré les leçons de leur défaite de 2001, quand le mollah Omar a soutenu Ben Laden.

À titre personnel, je suis donc relativement optimiste. Non pas pour les femmes afghanes, qui vont payer le prix de cette reconstruction étatique, au moins dans un premier temps. Mais je crois qu'il y a ici une chance de stabiliser l'Afghanistan comme État-nation – à condition toutefois qu'il n'y ait pas d'ingérence étrangère. Au fond, le problème de l'Afghanistan, ce sont les ingérences étrangères.

**RC** – ***Avant même la victoire des talibans, on voyait déjà arriver en Turquie des milliers de jeunes hommes d'Afghanistan qui passaient par l'Iran. Aujourd'hui, à l'aéroport de Kaboul, ce sont surtout des jeunes hommes – pas de femmes, pas d'enfants, pas de personnes âgées – qui essayent de s'échapper de leur pays. Habituellement, les réfugiés sont avant tout des familles. Ici, on voit des jeunes hommes quitter à la fois leur famille et leur pays. Comment interpréter cela ?***

Il faudrait y regarder de plus près, mais je crois qu'il existe deux catégories de personnes qui quittent le pays. La première regroupe tous ceux qui étaient impliqués dans le régime précédent – qui travaillaient avec les Américains, avec les ONG occidentales, etc. – et ceux qui étaient impliqués dans les activités économiques dépendantes de l'armée américaine, ou dans des pratiques de consommation rejetées par les talibans – la musique par exemple. Il y avait beaucoup de petits *business* qui fonctionnaient, et dont les propriétaires estiment non seulement qu'ils n'ont pas d'avenir, mais aussi que rester à Kaboul présente un risque pour leur vie. La seconde catégorie, selon moi, réunit celles et ceux qui ne sont pas politisés, qui n'étaient ni du côté des Américains, ni de celui du gouvernement d'Ashraf Ghani, mais qui pensent qu'il n'y a pas d'avenir. Ceux-là ne s'en vont pas parce qu'ils craignent pour leur vie, mais parce qu'ils estiment que l'Afghanistan va subir une terrible régression, et qu'il n'y a pas d'avenir pour la jeunesse.

Pour stabiliser cette émigration, plusieurs choses seraient nécessaires. La plus urgente étant une amnistie, autrement dit que les talibans annoncent qu'il n'y aura pas de représailles. C'est très important, et cela constitue un premier test. Il y aura nécessairement des règlements de compte à tous les niveaux, mais tant que ces règlements de compte se situent « à la base », si l'on veut, ils ne présentent pas de problème majeur. En revanche, si l'État commence à pourchasser les anciens opposants, ou à arrêter les jeunes pour les forcer à s'enrôler dans l'armée, la situation risque de se dégrader rapidement. À défaut de pouvoir faire pression sur les talibans, la priorité sera donc de suivre leur politique d'amnistie vis-à-vis des anciens soutiens du gouvernement.

**RC – *On attend déjà une grande vague migratoire venue d'Afghanistan vers les pays frontaliers comme le Pakistan, l'Iran, et peut-être les Républiques de l'Asie centrale. Mais la grande question internationale concerne le déplacement de ces migrations vers l'Occident. Angela Merkel a déjà abordé le sujet, tout comme Emmanuel Macron, qui a assuré qu'il essayerait de travailler avec le Pakistan, l'Iran et la Turquie. Il est intéressant de noter que la Turquie et l'Afghanistan ne sont pas des pays limitrophes. Mais la Turquie est un point de chute pour les réfugiés transitant par l'Iran, que l'État iranien laisse passer. En ce sens, la Turquie peut devenir – comme on l'a vu avec les réfugiés syriens – un État d'accueil financé par l'Occident. C'est déjà un important enjeu civil et national en Turquie. Comment résoudre le problème posé par les nouveaux réfugiés afghans ?***

La situation n'est pas tout à fait la même qu'en Syrie, où des familles entières partaient parce qu'elles étaient sous les bombes. Il y avait alors une pression militaire et physique, une peur de mourir qui poussait à émigrer avec toute sa famille. En Afghanistan, les migrants sont plutôt des jeunes, qui partent en explorateurs – c'est-à-dire qu'ils partent par précaution, et qu'ils feront peut-être venir leur famille plus tard. Ce n'est pas la même chose. Je crois que ces jeunes Afghans partent par précaution, et pas par désespoir. C'est pour cela que les deux éléments essentiels pour stabiliser la situation sont, d'une part, la cessation des conflits armés en Afghanistan et, d'autre part, un développement économique suffisant pour que les gens trouvent du travail.

Les coordonnés du problème n'ont donc rien à avoir avec la Syrie, où l'on sait qu'il n'y aura pas la paix, et où l'on sait que l'économie ne va pas repartir. Les talibans sont décidés à faire la paix, et ils sont intéressés par la reprise économique – ce sont aussi des hommes d'affaires. Donc, si la situation se stabilise en Afghanistan, on peut espérer que la vague migratoire actuelle ne dure pas plus de quelques semaines, ou quelques mois. En attendant, il faudra certes gérer ce flux – lequel ne représente pas des millions de personnes, mais des dizaines de milliers. Par rapport au grand flux migratoire qu'on a connu il y a sept ou huit ans, ce n'est donc pas la même chose. Il faut effectivement que l'Occident assume sa part, en particulier en récupérant les réfugiés qui ont collaboré avec les ONG et avec les armées, avec les institutions européennes ou américaines. Cela représente déjà des dizaines de milliers de personnes ; et c'est le devoir des pays occidentaux que d'en faire une priorité. Sans dire que cela mettrait fin à l'émigration, on peut raisonnablement penser que cela permettrait de récupérer une partie significative des réfugiés afghans.

**RC – *Ma dernière question concerne évidemment les femmes, dont on peut craindre qu'elles seront les grandes victimes du régime taliban. Bien qu'il y ait eu quelques évolutions en vingt ans, on ne peut s'empêcher de redouter une grave régression, qu'attestent déjà certains témoignages. La communauté internationale – quoi que cela veuille dire – réfléchit beaucoup à ce problème. Que pensez-vous de l'avenir des femmes afghanes ?***

Les talibans vont sûrement faire quelques concessions, au sujet des écoles primaires pour filles, par exemple. Mais le problème ne concerne pas uniquement la charia ; il touche aux représentations et aux convictions des talibans, qui sont très représentatives de la culture extrêmement patriarcale du sud du pays. Dans les tribus pachtounes, pendant les années 1960, je ne voyais jamais de femmes ; ce n'est pas un phénomène spécifique aux talibans. Et cela est redoublé par une dimension que je qualifierais de sociologique, ou de généalogique. Il suffit de regarder les photos des talibans à Kaboul : ce sont tous de jeunes hommes, célibataires, qui ont été les produits des *madrassas* mises en place par les talibans en Afghanistan ou au Pakistan. Beaucoup d'entre eux n'ont jamais vu une femme de leur vie. Ils se rapprochent de la culture *incel* (*involuntary celibate*, « célibat involontaire ») américaine, c'est-à-dire d'une forme, disons-le, de frustration sexuelle et d'une absence de sociabilité dans une société mixte. Ils vont assurément être un problème. Lorsqu'ils demandent une épouse, par exemple, ils trouvent normal qu'on prenne une fille et qu'on la leur donne en mariage. Le choc culturel avec Kaboul est ici extraordinaire car, en l'espace de vingt ans, on a vu éclore une génération de jeunes femmes très éduquées, très compétentes, souvent cheffes de famille parce que les hommes sont morts, ou partis. Elles assument un rôle décisif dans l'économie, et vont se trouver brusquement confrontées à ces jeunes *Talibs*, au sens strict du terme, à ces jeunes étudiants en religion qui sont profondément misogynes – pas par méchanceté, mais à cause de leur éducation, ou de leur manque d'éducation.

*Propos retranscrits par Haldun Bayri et Quentin Regnier*

# Djihadisme et démocratie

## Pour une convention citoyenne sur la violence politique

*Loïc Le Pape, Pierre Puchot et Fabien Truong*

Confusion des termes, raccourcis intellectuels et instrumentalisations politiques sont le lot commun du débat public sur le phénomène djihadiste. Il y a pourtant urgence à installer durablement les conditions d'un débat plus rationnel car, lorsque la peur et l'incompréhension montent, c'est le terrorisme qui gagne. La litanie des polémiques montre à quel point on tend aujourd'hui à confondre le djihadisme avec les prises de position ou les émotions qu'il suscite. Pour saisir collectivement l'ampleur du phénomène djihadiste, il nous paraît utile de construire un cadre de compréhension et d'expression qui, aujourd'hui, n'existe pas. Le contexte international rend la construction de ce cadre d'autant plus urgente que la reconquête de l'Afghanistan par les talibans fait craindre l'apparition, comme au début des années 2000, d'une nouvelle terre d'accueil pour les organisations djihadistes.

### *Le régime du temps court et de l'anathème*

Le débat public sur la question djihadiste demeure l'otage d'acteurs politiques, d'experts autoproclamés et d'éditorialistes qui s'expriment dans le cadre particulier du temps court de l'élection, des plateaux télévisés ou des réseaux sociaux. Une telle structuration de l'argumentation favorise le jeu des affects, la surexpression des émotions, le temps chaud du fait divers, ainsi qu'une culture du *clash* qui génère du clic et de l'attention, en faisant passer la mise en scène d'opinions irréconciliables pour du pluralisme intellectuel. À l'ère du commentaire, la nuance et la contextualisation cèdent le pas à l'escalade verbale. Cette outrance de façade est loin de ne toucher que des individus « fanatisés ». Le récent procès autour du cyberharcèlement subi par la jeune Mila l'a bien montré : lors de chaque audience, il a été souligné combien les coupables ressemblaient finalement à des individus « sans histoire » – comprendre : sans antécédents judiciaires ou psychiatriques. Ces personnes qui avaient ainsi pu appeler au meurtre n'ont jamais été décrites comme des terroristes en puissance et leur violence verbale en dit long sur l'hystérisation du débat. Il y a évidemment lieu de s'en inquiéter, tant cette atmosphère du *clash* et du coup relève de tendances fondamentalement antidémocratiques, dont l'histoire n'est pas nouvelle[1].

Elle favorise les prises de position surplombantes et les explications « mono-causales » – et les tautologies qui basculent vite dans l'anathème : c'est la faute de l'islam, de l'exclusion sociale, d'un trauma originel, de la radicalité d'une idéologie, d'une perspective nihiliste, des injustices de la géopolitique… Ces partis pris, quand ils deviennent exclusifs, transforment les experts en entrepreneurs de morale, dans un jeu mercantile animé par des politiques sommés de mettre en place des dispositifs de protection et des réponses publiques pour contrer la menace terroriste. Le marché de la « radicalisation » a ainsi été longtemps juteux et nombre d'acteurs rapidement médiatisés ont fini, à l'épreuve de la pratique, par révéler la faiblesse de leur compétence et de leur connaissance du « terrain ». Ils n'ont fait que conduire à la banalisation des réponses sécuritaires et à une relative restriction des libertés publiques, sans aucun effet dissuasif sur la prévention de l'acte terroriste[2].

Les effets de polarisation de ces prises de position univoques n'ont pas pour objet l'amélioration des connaissances et le régime de la vérité – un régime dont les sciences sociales savent depuis leur fondation (que l'on pense à Weber ou à Durkheim) qu'il est multi-causal et qu'il relève de processus fonctionnant par affinités qu'un exposé détaillé des faits permet de comprendre. Ils ont largement déteint sur le geste de l'investigation, si bien que l'opinion publique est aujourd'hui plus au fait des polémiques individuelles entre intellectuels que de la teneur des travaux d'enquêtes véritablement produits.

1 - Voir Gérard Noiriel, *Le Venin dans la plume. Édouard Drumont, Éric Zemmour et la part sombre de la République*, Paris, La Découverte, 2019.

2 - Voir Romain Sèze, *Prévenir la violence djihadiste. Les paradoxes d'un modèle sécuritaire*, Paris, Seuil, 2019.

Tout n'est cependant pas imputable au champ politique et médiatique. Le champ des *terrorism studies* a ceci de particulier qu'il repose en grande partie sur des travaux de seconde main et des commentaires de commentaires[3], du fait des difficultés d'accès au terrain et à des données un tant soit peu pertinentes. Après la vague d'attentats de 2015, il a fallu du temps pour que les enquêtes se substituent aux pamphlets. Au regard des connaissances qu'elles offrent désormais, elles restent sous-médiatisées et quand le politique tend, par principe, à discréditer les tentatives de compréhension des motifs et des trajectoires terroristes, on assiste à un dangereux renversement des valeurs pour une société démocratique[4]. Le récent anathème d'« islamo-gauchisme » en est une grossière illustration, la ministre de l'Enseignement supérieur ayant réussi à convaincre une partie de l'opinion que ce vocable correspond à un courant intellectuel dominant, alors qu'il n'est que peu utilisé, ne renvoie à aucune théorie et est d'abord mobilisé de façon idéologique sur les réseaux sociaux par ses adversaires autodéclarés[5].

Une société qui refuse de comprendre la complexité et de discuter sa part d'ombre joue le jeu simplificateur du terrorisme. Il est pourtant tout à fait possible d'opérer loin des *spotlights* et des idéologies, comme le montrent nombre d'initiatives pédagogiques, lorsque les salles de classe sont des lieux de transmission, d'écoute et d'élaboration collective d'intelligence[6]. C'est là tout l'inverse du régime de l'opinion et de l'anathème. Rappelons que la machine à *fake news* avait été centrale dans le meurtre de Samuel Paty, enseignant assassiné sur la foi de rumeurs entretenues par une élève n'ayant pas assisté à son cours et prise pour argent comptant par son père, puis par un garçon n'ayant jamais rencontré sa future victime. Une salle de classe ne saurait se transformer en arène politique[7].

3 - Voir Andrew Silke, "Holy warriors: Exploring the psychological processes of jihadi radicalisation", *European Journal of Criminology*, vol. 5, n° 1, janvier 2008, p. 99-123, où l'on constate que 65 % des articles de langue anglaise traitant de radicalisation sont des critiques d'autres publications et que 1 % des travaux se fondent sur des entretiens de première main.

4 - Voir Bernard Lahire, *Pour la sociologie. Et pour en finir avec une prétendue « culture de l'excuse »*, Paris, La Découverte, 2016.

5 - Voir notamment David Chavalarias, « "Islamogauchisme" : le piège de l'*alt-right* se referme sur la macronie » [en ligne], *Politoscope*, 21 février 2021.

6 - Voir Wahida el Mansour, « Quand *Charlie Hebdo* déboule au bahut », dans Benoît Falaize (sous la dir. de), *Territoires vivants de la République. Ce que peut l'école : réussir au-delà des préjugés*, Paris, La Découverte, 2018, p. 168-174. Voir aussi Loïc le Pape, « Samuel Paty : ce que j'ai dit à mes étudiant·es » [en ligne], *Les Politiques du religieux, carnet d'Hypothèses*, 25 octobre 2020.

7 - Voir l'entretien avec Fabien Truong, « Le drame de Conflans-Sainte-Honorine nous rappelle qu'une salle de classe n'est pas une arène politique publique », *Le Monde*, 23 novembre 2020.

## *Une réalité française*

Les explications hors sol et les positions « mono-causales », malgré l'apparence de la discorde, font consensus en partageant un diagnostic qui consiste à rendre le djihad exogène : le phénomène viendrait ainsi du dehors de notre société. Le mot fait alors écran et parler de djihad revient souvent à éviter de parler des formes de violence politique et de violence sociale *made in France* qui le rendent possible. Distinguer la violence politique du djihadisme tend par exemple à conférer une certaine exceptionnalité à la violence politique à caractère islamiste, un « privilège » dont l'ultra-droite ne jouit par exemple pas et qui empêche de voir les continuités là où l'on voudrait absolument voir des ruptures. Cet exceptionnalisme renvoie sans doute aucun à la perception de l'islam dans le débat public comme une menace – politique, culturelle, civilisationnelle – et déborde sur une population qui n'a en rien demandé à être associée à un projet de violence politique. Les récents débats sur le « séparatisme » l'ont bien montré et, à trop vouloir séparer la France de « son » djihad, on risque de ne plus voir une double réalité historique et sociale qui demeure marginale dans les débats actuels.

Tout d'abord, la France tient une place particulière dans la nébuleuse djihadiste. Avant même la série d'attentats qui devait frapper notre pays, le premier signe en était la volonté explicite des djihadistes français de frapper la France dès 2013 et ce, bien avant que l'État islamique n'y soit prêt lui-même. Ensuite, toute mondialisée qu'elle soit, la menace djihadiste n'est pas « extérieure », étrangère à notre mode de vie. Les djihadistes français sont au contraire des « produits » de notre société. Ils y grandissent depuis près de trente ans pour les premiers d'entre eux et y trouvent les ressources propres à nourrir leur vision du monde. Abdoullakh Anzorov, l'assassin du professeur d'histoire-géographie Samuel Paty, était présent sur le territoire national depuis sa tendre enfance. Né à Moscou, venu en France à l'âge de 6 ans, il détenait le statut de réfugié et habitait à Évreux, dans l'Eure. Avant lui, Thomas Barnouin et Rachid Kassim, cadres français de l'État islamique pour ne citer qu'eux, étaient tous deux nés en France où ils avaient bâti leurs principes idéologiques au contact des générations djihadistes précédentes. Né à Roanne en 1987 de parents algériens, Rachid Kassim y a effectué toute sa formation avant de devenir l'un des visages français de l'État islamique.

Jusqu'à sa mort en février 2017, son influence sera bien réelle, en Syrie, en Irak, mais aussi en France. Il permettra notamment le rapprochement *via* la messagerie Telegram d'Adel Kermiche et Abdel Malik Petitjean, les deux tueurs de Saint-Étienne-du-Rouvray, en 2016.

C'est un fait établi : le djihad est un aussi phénomène français, qui appartient au temps long. Apparu sur notre territoire au début des années 1990 avec le déclenchement du conflit algérien, il a très vite vu émerger les cadres qui ont servi de référence aux générations suivantes. Après l'interruption du processus électoral en Algérie, les réseaux de solidarité avec le Groupe islamique armé ont largement contribué à constituer le premier maillage pratique, idéologique et opérationnel de ce djihadisme à la française. Ces cadres se forment en lisant les livres d'Abdallah Azzam, de Ibn Taymiyya et de Sayyid Qutb, tel l'ouvrage *Les Jalons sur les chemins* (1964), où ce dernier théorise l'instrumentalisation du djihad et de la violence comme moyen d'action politique. À la fin des années 1990, plusieurs personnalités ont ainsi émergé au sein du mouvement djihadiste francophone, tel Farid Benyettou, le référent religieux de la filière dite des Buttes-Chaumont et futur mentor des frères Kouachi, auteurs de l'attentat contre *Charlie Hebdo*. Les lectures des frères Kouachi sont en grande partie celles de leurs aînés[8]. Farid Benyettou lui-même avait suivi les « cours » dispensés par un certain Mohammed al-Maghribi dans plusieurs mosquées du XI^e^ arrondissement parisien, finalement expulsé du territoire français vers le Maroc en 2000.

De Khaled Kelkal (1995) à Amedy Coulibaly (2015), le profil des djihadistes a évolué avec l'apparition d'Internet et de nouvelles organisations internationales, comme Al-Qaïda puis l'État islamique. Mais le fil commun n'a jamais été rompu[9]. Après s'être implanté, le phénomène s'est complexifié, attirant un public de plus en plus varié, autour de cadres historiques du mouvement qui ont contribué à l'essor de l'État islamique en Syrie et en Irak. À la fin des années 2000, Internet va permettre à la mouvance djihadiste – française mais aussi internationale – de prendre une toute nouvelle ampleur. En 2010, parmi les personnes figurant dans

**8 - Voir, sur ce point, l'analyse du corpus retrouvé au domicile des deux frères : Pierre Puchot, « Plongée dans les lectures des djihadistes » [en ligne], *Mediapart*, 17 janvier 2015.**

**9 - Voir Romain Caillet et Pierre Puchot, *« Le combat vous a été prescrit ». Une histoire du jihad en France*, Paris, Stock, 2017.**

l'administration du forum djihadiste Ansar al-Haqq, on retrouve la figure d'Adrien Guihal, né en 1983, converti à l'islam en 2002 et devenu l'un des responsables religieux de ce forum, qui jouera un rôle clé dans la formation des djihadistes français à la fin des années 2000. En 2015, on le retrouve au cœur de l'État islamique, où il s'est imposé comme le principal prédicateur français de l'organisation. Guihal multiplie alors les messages audio à destination des djihadistes francophones du monde entier. Avec lui, l'État islamique veut montrer que l'organisation est capable de produire ses propres idéologues, et qu'elle est devenue sa propre référence idéologique.

Si des sources sécuritaires françaises citées par la presse estiment aujourd'hui à cent cinquante le nombre de Français à opérer au sein des reliquats de l'État islamique en Syrie et en Irak, la menace djihadiste provient moins d'attentats orchestrés depuis l'étranger par ces individus que d'attaques individuelles commises par un résident sur le sol français. Cette mutation logique, compte tenu à la fois des forces actuelles de l'État islamique ou d'Al-Qaïda et de l'attention particulière des services de renseignements depuis 2015, ne doit pour autant pas nous faire oublier la continuité du corpus idéologique djihadiste. La problématique récente de l'acte dit « décompensatoire » et lié à l'état psychologique du terroriste n'évacue pas la question de la permanence de l'attraction du phénomène et de l'idéologie djihadistes en France et à l'étranger. Le contexte sahélien, en particulier, constitue un enjeu préoccupant. Théorisée dès les premières heures d'Al-Qaïda, la stratégie de long terme de promotion des actes violents pour diviser les sociétés dans lesquelles ils ont lieu continue hélas d'agir à plein : elle fonctionne aussi parce qu'elle a su s'adapter et donner un semblant de réponse à des problèmes sociaux très français[10], en donnant le sentiment habilitant de s'inscrire dans un projet politique et historique établi.

10 - Voir David Thomson, *Les Revenants. Ils étaient partis faire le jihad, ils sont de retour en France*, Paris, Seuil, 2016 ; Fabien Truong, *Loyautés radicales. L'islam et les « mauvais garçons » de la nation*, Paris, La Découverte, 2017 ; Laurent Bonelli et Fabien Carrié, *La Fabrique de la radicalité. Une sociologie des jeunes djihadistes français*, Paris, Seuil, 2018.

## *Saisir l'opportunité des procès*

Depuis le début du procès des attentats du 13 novembre 2015, nous vivons avec ses échos quotidiens. Auparavant, à l'automne 2020 se sont tenus plusieurs procès : celui de Sid Ahmed Ghlam, condamné à la prison à vie, celui de l'attentat manqué du Thalys en août 2015. Enfin, le procès de *Charlie Hebdo* et de l'Hyper Cacher a permis à la justice de retracer les itinéraires et actes meurtriers des frères Kouachi et d'Amedy Coulibaly. Entre 2014 et 2020, ce sont près de deux cents procès qui se sont tenus près la cour d'assises spécialisée dans les affaires de terrorisme[11].

Le procès des attentats de *Charlie Hebdo* et de l'Hyper Cacher a été filmé par le ministère de la Justice pour garder une trace des débats. Ainsi s'instaure, en plus d'une logique de témoignage pour l'histoire, une mémoire des actes terroristes. Cet aspect de la justice est central pour la reconnaissance des victimes et de la douleur des parties civiles. Ces procès fournissent également des éléments inédits pour le travail scientifique, comme sources historiques et supports de réflexion investis par nombre de chercheurs et chercheuses[12]. En effet, que juge-t-on lors des procès d'attentats ou de tentatives avortées ? Ce ne sont pas seulement des actes barbares que les juges essaient de comprendre, mais également des organisations réticulaires, des modes d'action collective et des structures d'opportunité, des trajectoires individuelles et l'adhésion à des croyances sectaires. Les procès qui ont déjà eu lieu confirment des tendances déjà mises à jour par la recherche : le caractère collectif de la planification terroriste, la centralité d'une organisation (Al-Qaïda puis l'État islamique) dans la préparation des attentats ; la mutation récente du passage à l'acte individuel et la mort comme seule issue prévisible de l'attentat. Parfois, au

**Ce ne sont pas seulement des actes barbares que les juges essaient de comprendre, mais également des organisations réticulaires, des modes d'action collective et des structures d'opportunité, des trajectoires individuelles et l'adhésion à des croyances sectaires.**

11 - Voir Antoine Mégie, « "C'est ouvert au public ces procès ?", les secrets d'une scène d'audience au prisme de la lutte contre le terrorisme », *Rue Descartes*, n° 98, 2020/2, p. 64-80.

12 - Voir les recherches conduites dans le cadre du projet « JUPITER. La justice à l'épreuve de la violence terroriste », notamment Christiane Besnier et Sharon Weill (sous la dir. de), « Les filières djihadistes en procès. Approche ethnographique des audiences criminelles et correctionnelles (2017-2019). Rapport final de recherche » [en ligne], GIP-Mission de recherche Droit et Justice, décembre 2019.

cours des débats, les accusés assument des choix politiques, des engagements religieux totalitaires et la violence qui en découle. Ces procès permettent surtout de mieux approcher l'énigme philosophique, éthique et sociologique du passage à la violence. Il ne s'agit pas de chercher pour excuser mais bien, selon les mots de Max Weber, de *« comprendre »* et d'*« expliquer »*.

La tenue de ces procès correspond également aux premiers effets de l'action publique après les attentats en matière de recherche. En mai 2016, Manuel Valls, alors Premier ministre, a présenté un plan d'action contre la radicalisation et le terrorisme proposant de *« soutenir et structurer le vivier de chercheurs en sciences humaines et sociales qui orientent leurs travaux sur les questions de radicalisations*[13] *»*. Le gouvernement a ainsi aidé à la création d'un conseil scientifique permanent sur la radicalisation et le terrorisme (aujourd'hui abandonné), soutenu des allocations de thèse sur ces thématiques et a favorisé, *via* l'Agence nationale de la recherche, des projets collectifs pluridisciplinaires sur la radicalisation et la violence. Il s'agit dans ce projet de faire converger les avancées de la recherche et les nouvelles connaissances qu'apportent ces séquences judiciaires.

Ainsi, le procès en cours des attentats de novembre 2015 s'ajoute à la longue liste des procès passés. Saisir l'opportunité de ces procès permettrait de mettre au jour les ramifications complexes du djihad international et les façons d'agir des terroristes. Les basculements individuels dans la violence et la clandestinité permettent de comprendre des phénomènes de marginalisation et de radicalisation étudiés par la sociologie politique depuis les années 1970. De même, les ressorts de l'engagement religieux individuel peuvent aider à comprendre le succès d'une littérature politico-religieuse, le dévoiement d'un héritage islamique et les lectures eschatologiques radicales. Enfin, ces procès peuvent aider à comprendre et expliquer le développement d'une violence politique de masse qui a durablement meurtri la société française.

**13 - « Dossier de presse du plan d'action contre la radicalisation et le terrorisme » [en ligne], gouvernement.fr, 9 mai 2016.**

## *Faire confiance à l'expertise collective*

Il existe un précédent abouti en matière de travail collectif et d'organisation citoyenne, avec la Convention citoyenne pour le climat. La lettre de mission mandatait la convention afin de *« définir les mesures structurantes pour parvenir, dans un esprit de justice sociale, à réduire les émissions de gaz à effet de serre d'au moins 40 % d'ici 2030 par rapport à 1990*[14] *»*. Le Premier ministre attendait de la convention, outre un rapport faisant état des discussions, des mesures législatives et réglementaires qui pourraient être soumises à référendum ou au vote des Assemblées. L'organisation en a été confiée au Conseil économique, social et environnemental. Les travaux ont duré neuf mois, d'octobre 2019 à juin 2020. Cent cinquante personnes ont été tirées au sort et mobilisées pour travailler, participer aux sept sessions, débattre et proposer des actions. Elles ont reçu des défraiements et des indemnités pour leur engagement. Les débats ont été structurés en assemblées plénières et en ateliers, avec des thématiques précises et des témoignages collectivement approuvés. La convention a été soutenue par un comité de gouvernance de quinze personnes assurant l'autonomie des travaux, trois garants en assurant l'indépendance, avec l'aide d'un groupe d'appui et d'un comité légistique. Tous ces groupes disposaient de lettres de mission et de mandats précis. L'organisation de cette convention a coûté un peu plus de cinq millions d'euros[15].

Quelles pourraient être, par rapport à la convention pour le climat, les grandes lignes de l'organisation d'une convention citoyenne sur la violence politique dont le mandat serait d'apporter une réflexion exigeante, fondée sur des faits établis et éloignée de toute instrumentalisation politique ? Forcément différente dans son organisation et ses objectifs, la convention citoyenne que nous appelons de nos vœux aurait un premier objectif de connaissance et de transmission de l'information étayée. Elle permettrait de sortir du régime du temps court et de l'anathème et serait une véritable proposition pragmatique. En effet, pour donner un semblant de consistance à l'injonction au « vivre-ensemble », il faut sans aucun doute commencer par se doter des moyens de « réfléchir

**14 - Premier ministre, « Lettre de mission pour une convention citoyenne pour le climat » [en ligne], conventionsitoyennepourleclimat.fr, 3 juillet 2019.**

**15 - L'organisation, le budget, ainsi que l'intégralité des débats sont disponibles sur le site de la convention.**

ensemble ». Une telle entreprise pourrait être mise en place par un organisme public, une administration publique ou une organisation non gouvernementale.

Le point central nous semble, en premier lieu, la désignation d'un collectif représentatif de la population française, qui serait mobilisé pendant plusieurs semaines pour auditionner, réfléchir, travailler et écrire sur la question du djihadisme et de l'engagement violent. Dans ce cadre, l'organisation proposée par le Conseil économique, social et environnemental nous semble pertinente : un travail de fond (entre six mois et un an), cent à cent cinquante participants tirés au sort, représentatifs de la population française, indemnisés et défrayés sur le mode des jurés d'assises et associés à toute la chaîne de décision. Ce dispositif devrait être appuyé par un conseil d'orientation et son autonomie préservée par un collège de garants. Les débats internes devraient être rendus publics et mis à la disposition de tous et de toutes. Le travail collectif devrait ensuite produire une réflexion contextualisée (à l'aide de la recherche, des travaux universitaires et des *think tanks*), appuyée sur des sources (notamment celles des procès passés et à venir) et éclairée par l'action publique (auditions des principaux corps de l'État, discussion des choix sécuritaires et politiques).

Nous savons toute l'importance de la démocratie délibérative, mais nous connaissons aussi ses limites. Une telle proposition ne vise pas à accoucher d'un ensemble de mesures législatives clés en main. La convention pour le climat a montré les limites de l'engagement politique : le président de la République avait juré la main sur le cœur son souhait de reprendre intégralement toutes les propositions de la convention, avant de se rétracter. Pour autant, il ne s'agit pas non plus d'une proposition de débat pour le débat, mais bien de promouvoir de profonds échanges, pour peut-être faire adopter des recommandations dégagées des intérêts partisans. Celles-ci prendraient enfin en compte le temps long, une fois qu'un consensus sur l'état des lieux aura émergé. Tout comme pour la question climatique, lutter contre les ressorts sociaux et historiques de la violence politique à caractère islamiste passera par des politiques de changements structurels. Tout cela nous oblige à nous doter des moyens de planter sereinement des graines, dont les effets ne seront visibles que bien après les fins de législature.

# Gouverner le trottoir

*Isabelle Baraud-Serfaty*

Mai 2021 : les terrasses des cafés et des restaurants rouvrent avec le déconfinement, et ravivent à Paris une polémique qui dénonce la saleté et la laideur de la capitale, ainsi qu'une *« esthétique de la palette »* et une privatisation *de facto* de l'espace public[1]. Celle-ci n'est toutefois que le dernier avatar de ces batailles qui fleurissent régulièrement au sujet des nouveaux usages du trottoir. En 2019, Paris en bannit les trottinettes électriques ; en 2018, l'aventure des vélos « flottants » tourne au fiasco ; en 2017, les villes de Bordeaux, Lyon et Nantes se rebiffent contre les publicités sur les trottoirs que l'État s'apprête à autoriser[2] ; en 2011, la « taxe trottoir », dite aussi « taxe kebab », votée par la mairie d'Avignon suscite de vifs débats[3].

Ces controverses s'enchaînent au rythme des nouvelles occupations du trottoir, qui elles-mêmes évoluent au fil des mutations touchant les villes. De telles batailles existaient d'ailleurs déjà au XIXe siècle : en 1882, l'architecte Jules Brunfaut dénonçait pêle-mêle l'encombrement des trottoirs par les candélabres à gaz, les boutiquiers, les *« voitures à bras »* et les *« petites carrioles traînées ou poussées à la main par la mère ou par la bonne, renfermant des enfants*[4] *»* ; en 1862, Honoré Daumier caricaturait dans ses gravures *« l'affreux macadam »* inventé par l'Écossais McAdam. Sans oublier Jules

1 - La polémique a émergé début 2021 sur les réseaux sociaux autour du hashtag #saccageparis, alors que la ville lançait son « Manifeste pour une nouvelle esthétique parisienne ».

2 - Voir par exemple Emeline Paillasseur, « Paris bannit les trottinettes électriques des trottoirs », *Libération*, 6 juin 2019 ; Olivier Razemon, « L'aventure des vélos "flottants" tourne au fiasco », *Le Monde*, 11 janvier 2018 ; Sébastien Dumoulin, « Publicité sur les trottoirs : les villes se rebiffent », *Les Échos*, 28 décembre 2017.

3 - Cette redevance d'« utilisation du domaine public » était levée auprès des commerces *« pratiquant des ventes ou activités diverses au travers de vitrines ou de comptoirs ouvrants sur le domaine public sur lequel stationnent les clients »*. Elle a parfois été vue comme un moyen détourné de freiner certains commerces jugés indésirables.

4 - Jules Brunfaut, *Hygiène publique. Les odeurs de Paris* [1880], Paris, Hachette livre, 2017, p. 132.

Ferry, qui critiquait en 1868 les *« comptes fantastiques d'Haussmann »* et les modalités de financement des nouvelles rues.

Le fait que de telles polémiques surgissent à cent cinquante ans d'écart invite à penser que cet objet urbain cristallise les enjeux liés aux transformations de la ville. Les trottoirs existaient à Pompéi, mais ont ensuite disparu du paysage des villes européennes jusqu'à leur réapparition en France au tournant du XIXe siècle, puis leur généralisation avec une loi de 1845 portant sur leur financement, laquelle coïncide avec la création des grands réseaux d'eaux, d'égouts et de gaz qui s'accélère sous Haussmann. Symbole de la naissance des infrastructures urbaines sous l'effet des transformations hygiénistes et industrielles au milieu du XIXe siècle, le trottoir illustre aujourd'hui la mutation des villes sous l'effet des transitions numérique, écologique et post-Covid. De manière paradoxale, pourtant, il relève encore largement d'un impensé urbain et juridique, alors même que son occupation s'accroît à vive allure. Il devient ainsi urgent de considérer le trottoir comme un objet politique, à la fois enjeu et levier de régulation. Mais sa gouvernance soulève de nombreux défis, qui pourraient bien prochainement susciter quelques nouvelles polémiques.

## *Le paradoxe du trottoir: entre « non-lieu » et suroccupation*

« Trottoir » est un mot si courant que les petits enfants savent ce qu'il désigne. Il figure d'ailleurs en bonne place dans les imagiers à destination des tout-petits[5]. Pourtant, le terme est largement absent du langage des urbanistes et des penseurs de la ville : il ne figure par exemple pas dans les dictionnaires de référence que sont *L'Aventure des mots de la ville*[6] ou *Les 100 mots de la ville*[7]. Les urbanistes et penseurs de la ville en France privilégient le plus souvent l'expression « espace(s) public(s) ». Une première

5 - Voir par exemple Yves Got, *La Ville*, Paris, Albin Michel Jeunesse, coll. « Les Imagiers Didou sait tout », 2005.

6 - Laurent Coudroy de Lille, Jean-Charles Depaule, Brigitte Marin et Christian Topalov (sous la dir. de), *L'Aventure des mots de la ville à travers le temps, les langues, les sociétés*, Paris, Robert Laffont, coll. « Bouquins », 2010.

7 - Julien Damon et Thierry Paquot, *Les 100 Mots de la ville*, Paris, Presses universitaires de France, coll. « Que sais-je ? », 2021. Signalons toutefois que Thierry Paquot lui consacre une abondante notice dans son *Dicorue. Vocabulaire ordinaire et extraordinaire des lieux urbains*, Paris, CNRS Éditions, 2017.

explication est certainement que l'« espace public » est à la fois plus large (il inclut aussi l'autre partie de la rue qu'est la chaussée, et les places et les espaces verts) et davantage porteur des valeurs de citoyenneté. Mais une autre raison est sans doute la connotation négative qu'on attache en France au mot « trottoir », associé à « la vie dans la rue » et à la prostitution. Le trottoir occupe ainsi une place essentielle dans l'œuvre de la grande urbaniste américaine Jane Jacobs mais, dans l'édition française, le mot *« sidewalk »* est systématiquement traduit par « rue[8] ». Ce détour sémantique souligne d'ailleurs la difficulté qu'on a, en France, à nommer les différentes parties physiques de la rue. Si les Nord-Américains utilisent le terme *« sidewalk »* (les Anglais disent *« pavement »*), ils emploient aussi très souvent le mot *« curb »* pour désigner la ligne de démarcation entre la chaussée et le trottoir. Dans cet article, nous emploierons le mot « trottoir » dans un sens assez large qui désigne la zone comprise entre la façade des immeubles et la chaussée, mais qui comprend aussi la bande de stationnement.

À cette imprécision lexicale, s'ajoute un vide juridique. Le trottoir n'existait pas juridiquement avant 2010, et sa définition reste encore très fragile, à tel point que l'association 60 Millions de piétons a récemment demandé une sanctuarisation juridique du trottoir[9]. Par ailleurs, ce qui relève du fonctionnement de la rue est systématiquement éclaté entre les différents services d'une collectivité, de la propreté aux espaces verts, de la voirie au stationnement, ou à l'urbanisme, et le trottoir est rarement considéré pour lui-même.

**Le trottoir n'existait pas juridiquement avant 2010, et sa définition reste encore très fragile.**

Dans ce contexte, la demande de 60 Millions de piétons révèle l'émergence de la revendication d'un « droit au trottoir[10] » qui dépasse désormais les collectifs militants et procède d'un changement de vision sur la place que la voiture doit avoir en ville. Tout le monde n'est pas d'accord sur l'importance que la ville doit accorder à la circulation automobile, mais il

8 - Voir Jane Jacobs, *The Death and Life of Great American Cities*, New York, Random House, 1961, à comparer à l'édition française (J. Jacobs, *Déclin et survie des grandes villes américaines*, trad. Claire Parin, Marseille, Parenthèses, 2012).

9 - « L'association "60 Millions de piétons" révèle que les trottoirs n'ont pas d'existence juridique : du pain béni pour les trottinettes ! » [en ligne], *Vivre le Marais, vivre Paris Centre*, 26 septembre 2019.

10 - Cette expression nous est inspirée par la formule *« le droit au rez-de-ville »* de David Mangin dans la revue *Urbanisme*, n° 414, automne 2019.

est certain que le paradigme de la ville pensée avant tout pour la voiture, hérité des années 1960, a fait long feu. Alors que la largeur des trottoirs était souvent une résultante (la largeur de la façade moins la largeur de la chaussée), il s'agit désormais d'inverser la priorité et d'allouer davantage de place au trottoir, considéré comme indispensable au piéton et vecteur de convivialité. La « marchabilité » des villes devient d'ailleurs un nouvel indicateur de la qualité de vie urbaine[11].

Si la revendication du piéton s'inscrit dans une partition assez classique de la rue (la chaussée pour les voitures, le trottoir pour les piétons), une autre demande d'un « droit au trottoir » témoigne d'une conception renouvelée de cet espace. Elle émane des riverains, et traduit une nouvelle fonction assignée aux rues : non plus des voies qui permettent *« d'aller d'une maison à l'autre, soit en longeant, soit en traversant la rue*[12] *»*, mais des rues, et plus spécifiquement des trottoirs, qui deviennent comme le prolongement du domicile, selon des pratiques courantes dans les pays méditerranéens ou africains[13]. Cette appropriation du trottoir par ceux qui habitent dans les immeubles qui le bordent prend des formes très diverses : certains habitants plantent au pied des arbres sur les trottoirs de leur rue (grâce aux récents, et esthétiquement contestés, « permis de végétaliser »), tandis que d'autres installent tables, bancs ou plantes sur des *parklets*. D'autres encore descendent une chaise pliante et s'assoient dessus sur le trottoir, ceux des cités de banlieue comme des grandes villes hexagonales[14]. Dans cette approche, que la pandémie a largement accélérée, le trottoir n'est plus seulement le lieu du piéton, mais aussi l'extension du chez-soi.

Le trottoir incarne aussi un espace support pour les activités économiques. C'est évidemment, depuis longtemps et avant même la pandémie, une ressource pour les commerçants qui y installent leurs étals, ou les restaurants et les cafetiers qui y déploient leurs terrasses. Mais il est notable que ce genre d'utilisation économique s'accentue. Elle s'accentue d'abord sous l'effet de la transition numérique, avec l'essor

11 - Voir le « Baromètre des villes marchables », conçu par la Fédération française de la randonnée pédestre et le collectif Place aux piétons.

12 - Georges Perec, « La rue », dans *Espèces d'espaces*, Paris, Galilée, 1974.

13 - Voir Hélène Jeanmougin, « Habiter sans résider et résider sans habiter », *Métropolitiques*, 1er février 2021 ; Romana Nanga, « Faire le trottoir : ces formes d'appropriation qui redessinent la ville », *Sur-Mesure*, 15 avril 2020.

14 - Voir Vincent Mongaillard, « La chaise pliante, star de l'été dans les cités », *Le Parisien*, 23 août 2020.

des nouvelles mobilités et de la logistique urbaine liée au e-commerce. Les VTC (voitures de transport avec chauffeur) comme les camionnettes de livraison ont en effet besoin de stationner momentanément, sur ou le long du trottoir, pour déposer ou prendre en charge leurs colis ou leurs passagers. *Idem* pour les vélos ou les trottinettes. Ces nouveaux usages du trottoir sont directement causés par la transition numérique : à cause du e-commerce ; parce que la plupart des habitants et des habitants-livreurs-chauffeurs ont désormais un super-ordinateur dans leur poche et peuvent être géolocalisés ; parce que les opérateurs derrière ces nouveaux usages sont des plateformes numériques, avec un modèle économique bien particulier qui les conduit à optimiser les effets de réseaux en cherchant à inonder le marché. D'où les phénomènes d'encombrement soudain et massif par les trottinettes, par exemple, ou plus récemment par les livreurs de repas à domicile. Cette accélération des occupations du trottoir par les opérateurs économiques est aussi liée à la transition écologique. De nouvelles occupations apparaissent, en lien avec les enjeux de rafraîchissement des villes (arbres, plantations, fontaines rafraîchissantes, brumisateurs d'air, etc.), d'économie circulaire (bornes de collecte de déchets et bornes de tri, micro-bornes de compostage, kiosques pour circuits courts, etc.) ou de « décarbonation » des villes (bornes de recharge électriques, places de stationnement pour vélos-cargos ou véhicules partagés, etc.).

Ces acteurs économiques sont de natures très diverses : on trouve aussi bien des grandes plateformes numériques mondiales (Uber, Amazon, Deliveroo) que des logisticiens (DHL, Fedex, La Poste) ou des entreprises de services urbains traditionnels, comme Suez, Veolia ou Engie (autour des déchets et des bornes de recharge), mais aussi des acteurs de l'économie sociale et solidaire (comme les Alchimistes pour les bornes de micro-compostage urbain, ou La Ruche qui dit Oui ! pour les circuits courts alimentaires). Pour ces acteurs, comme pour les commerces et les restaurateurs, le trottoir est une ressource clé qui leur permet d'exercer leur activité[15].

15 - Voir Isabelle Baraud-Serfaty, « Le trottoir, nouvel actif stratégique », *Futuribles*, n° 436, mai-juin 2020.

## *Le trottoir, enjeu et instrument de régulation publique*

Les nouvelles occupations du trottoir évoquées plus haut prennent place sur un espace *de facto* limité. Pour une rue donnée, on peut certes diminuer un peu la surface allouée à la chaussée ou ouvrir la bande de stationnement à d'autres usages, mais on peut difficilement augmenter l'espace de façade à façade d'une rue. La multiplication des occupations sur une ressource quantitativement limitée a une conséquence majeure : le trottoir devient rare.

Cette rareté soulève un nouvel enjeu pour les collectivités locales : en tant que responsables de l'ordre public et propriétaires de cette partie du domaine urbain, il leur faut parfois arbitrer entre des demandes contradictoires, voire incompatibles : souci de tranquillité des riverains *versus* animation nocturne de la ville, demande de sanctuarisation du trottoir pour les piétons *versus* développement des nouvelles pratiques de micro-mobilité. Mais, au-delà de ces arbitrages, les villes ont pour défi de faire face à la rareté de cette bordure de trottoir en optimisant son utilisation. Ainsi, aux États-Unis, de nombreuses villes réinventent leur rôle, et passent de la réglementation passive du stationnement dans la rue à l'attribution et à la gestion dynamiques de la bordure de trottoir, à la fois physiquement et numériquement. Cette nouvelle pratique, dénommée *« curb management »*, est actuellement en fort développement avec des acteurs publics ou privés qui numérisent les informations sur le trottoir (réglementations, occupations en temps réel, caractéristiques physiques) et organisent l'appariement *(matching)* entre un besoin et une disponibilité de bordure de trottoir, « en temps réel[16] ». Ces pratiques permettent de proposer davantage de fonctions, à plus de gens à différents moments de la journée, et peuvent être mises en lien avec les priorités énoncées par la collectivité (fluidifier la circulation automobile, favoriser l'équité et l'accessibilité, soutenir la vitalité commerciale, lutter et s'adapter au réchauffement des villes, etc.). Elles invitent à regarder différemment le trottoir. Non plus comme une zone indifférenciée, mais comme un

**16 - Voir le cahier « La valeur du trottoir » que nous avons réalisé pour la direction de la prospective du Grand Lyon en 2021 dans le cadre d'un travail sur les « rues de demain » associant Benjamin Pradel et Nicolas Nova.**

quadrillage très fin, dont chaque partie est précisément délimitée et inventoriée, à la fois physiquement et temporellement.

Un autre enjeu soulevé par le trottoir est lié à la grande résilience dont cet espace urbain a fait montre pendant la pandémie de coronavirus. Au fil des fluctuations de l'épidémie, il est devenu l'espace ouvert en bas de chez soi (pendant le premier confinement) et la *« salle d'attente des magasins*[17] *»* (encore aujourd'hui), puis le lieu du *click and collect* (surtout depuis le début du deuxième confinement) et aussi celui où les restaurateurs ont pu installer leurs terrasses pour continuer leur activité. Il a également été l'un des espaces privilégiés de l'« urbanisme tactique », avec la création de « coronapistes » ou l'élargissement des espaces dévolus aux piétons, et a permis de déployer rapidement les infrastructures de santé nécessaires pour faire face à des besoins d'urgence, comme les tentes pour effectuer des tests antigéniques. La résilience du trottoir pourrait bientôt se mesurer pendant les épisodes de canicule, avec une multiplication des fontaines rafraîchissantes, ou des « bouches de rafraîchissement » connectées au réseau d'eau non potable qui se mettent en place en période de forte chaleur. C'est également un espace privilégié pour aider les personnes sans abri dans les périodes où elles sont les plus vulnérables, comme le montre l'exemple du dispositif Cocoon testé à Montpellier, qui prend la forme d'un petit bungalow installé sur le trottoir, capable d'accueillir de façon provisoire une personne en détresse sociale.

Enfin, le trottoir est aussi un levier de régulation publique. Ses multiples occupations traduisent combien cet espace est de plus en plus, on l'a vu, une ressource clé pour les opérateurs de la ville. Or qu'il s'agisse des plateformes numériques (nouvelles mobilités, livraisons de repas ou de colis) ou des acteurs de l'économie sociale solidaire, ces opérateurs sont plus difficiles à gouverner que ceux, historiques, du mobilier urbain comme JCDecaux ou Clear Channel, qui sont des partenaires de la collectivité dans le cadre de contrats de la commande publique. D'un côté, le modèle économique des plateformes numériques leur permet de se rendre incontournables auprès des habitants-usagers, et de court-circuiter de fait les collectivités locales ; de l'autre, les acteurs de l'économie sociale et solidaire peuvent avoir tendance à se réclamer directement des citoyens et, là aussi, à court-circuiter l'administration locale.

**17 - Selon l'expression de Mathieu Chassignet, dans un tweet du 21 avril 2020.**

L'enjeu est particulièrement important s'agissant des plateformes de e-commerce comme Amazon, qui sont souvent considérées comme une menace majeure pour les commerces de proximité. Prendre conscience que le trottoir est *de facto* leur quai de déchargement, et constitue le point d'accès obligé aux domiciles, invite à le considérer comme une nouvelle frontière entre les économies en ligne et locales[18], et à se saisir de manière inventive de tous les leviers que permet le droit du domaine public pour permettre de mieux les encadrer.

## *Les leviers de la gouvernance*

La rareté du trottoir en fait un enjeu de régulation et un moyen d'action publique. Les villes doivent donc le gouverner. Mais comment ? Un premier enjeu pour les collectivités est de maîtriser l'information sur ce qui passe sur le trottoir, et plus largement dans la rue. De plus en plus, en effet, l'accès à l'espace public passe par l'accès à l'information sur l'espace public. Or cet accès est aujourd'hui souvent rendu possible par des plateformes comme Google Maps, dont les modèles sophistiqués de « gratuité[19] » les rendent incontournables. Bien souvent, ce sont ces acteurs-là qui qualifient l'espace public. Par exemple, en Israël ou au Brésil, Waze identifie certaines zones comme dangereuses et propose des itinéraires qui les évitent, tandis que Google Maps définit désormais la centralité des villes[20].

De la même manière, il s'agit pour les villes de conserver la maîtrise du *curb management*, cette pratique qui consiste à mettre en relation une disponibilité et un besoin de bordure de trottoir. Certaines municipalités américaines pilotent elles-mêmes cette activité (soit en direct, soit en la délégant). Mais des opérateurs privés (comme Coord) peuvent également intervenir en dehors de tout cadre contractuel avec la collectivité, ce qui pose des questions majeures sur la manière dont est alors décidée l'allocation de la rue. À l'image d'Open Street Maps, qui se construit comme une alternative à Google Maps, des initiatives se mettent d'ailleurs en

18 - Voir Anthony Townsend, *Ghost Road: Beyond the Driverless Car*, New York, W. W. Norton & Co, 2020.

19 - Voir « La gratuité de la ville » [en ligne], *Ibicity*, décembre 2020.

20 - Voir Agence Vraiment Vraiment, « Espace public : Google a les moyens de tout gâcher – et pas qu'à Toronto » [en ligne], *Medium*, 18 octobre 2019.

place, comme SharedStreets, pour que le *curb management* fonctionne selon le principe des « communs », avec une infrastructure numérique ouverte à tous.

Ainsi, désormais, une « couche informationnelle » s'ajoute à la couche physique du trottoir. Les collectivités doivent pouvoir contrôler les opérateurs agissant sur cette couche : opérateurs de cartographie ou de *curb management*, navigateurs d'itinéraires et, de plus en plus, opérateurs s'appuyant sur l'intelligence artificielle pour recueillir des données, non plus seulement sur l'espace, mais aussi sur les personnes qui y circulent. Ces enjeux sont d'autant plus complexes que l'accès à l'information sur l'espace public ne se réglemente pas de la même manière que l'accès à l'espace public lui-même. Par ailleurs, la réalité augmentée soulève de nouveaux défis juridiques (à qui appartient l'espace virtuel lorsqu'il chevauche un espace réel ?), tandis que l'exemple des écrans publicitaires installés à l'intérieur des vitrines des commerces (lieux privés), en réponse à l'interdiction des panneaux d'affichage digitaux sur les trottoirs parisiens (lieux publics), montre que la visibilité depuis la voie publique pourrait devenir un nouveau critère juridique[21].

Un deuxième levier de gouvernance, mais qui est aussi un défi tant il est tabou, est lié à la tarification. La bordure de trottoir est rare. Or ce qui est rare est cher. Alors qu'il était souvent considéré par les collectivités locales comme une source de coûts (coûts de fabrication et d'entretien), l'espace public apparaît, bien au contraire, comme l'un des principaux gisements de valeur dans la ville. Cette prise de conscience constitue un renversement de perspective d'autant plus important pour les collectivités locales que celles-ci devraient voir leurs ressources se contracter. On peut alors imaginer que les collectivités prennent elles-mêmes l'initiative de « monétiser » cette valeur. On peut aussi imaginer que cette prise de conscience émane d'opérateurs privés[22], et que ceux-ci proposent de nouvelles offres de services aux collectivités locales, lesquelles seront d'autant plus sensibles à leurs arguments qu'ils pourraient leur proposer de capter cette valeur et de leur en rétrocéder une partie.

21 - Voir Denis Cosnard, « Paris part en guerre contre la publicité numérique dans les vitrines », *Le Monde*, 2 octobre 2020.

22 - Voir Véronique Bédague, « Avec le recul inéluctable de la voiture en ville, il faut imaginer ensemble une refonte de l'espace public urbain », *Le Monde*, 12 février 2021.

Cette question de la tarification de l'espace public ne doit pas être considérée seulement sous l'angle des nouvelles ressources financières qu'elle peut procurer à des collectivités désargentées, mais doit aussi être envisagée comme une manière de faire payer certains opérateurs de la ville, non seulement pour leur utilisation gratuite des infrastructures financées et entretenues par la collectivité (comme la bordure de trottoir), mais aussi pour les externalités négatives qu'ils génèrent (pollution, embouteillages, assèchement des commerces de proximité).

Il faut ouvrir le débat sur la tarification de l'espace public, et plus spécifiquement sur la tarification du trottoir considéré comme une nouvelle barrière d'octroi. Même s'il ne s'agit pas de remettre en cause le principe, cher aux urbanistes, de « gratuité de l'espace public[23] » pour ses usagers, mais seulement de faire payer les opérateurs économiques qui utilisent cette infrastructure, les débats risquent d'être animés : comment et selon quels critères distinguer les opérateurs que l'on souhaite favoriser *versus* ceux que l'on cherche à éviter – par exemple, les commerces de proximité *versus* les géants du e-commerce ; ou les « activités essentielles localement » *versus* les activités générant des externalités locales négatives ? Et sur la base de quels critères déterminer les principes de tarification ? Dans tous les cas, l'exercice est délicat. Et si, demain, des villes à court d'argent concluaient des accords avec Amazon, échangeant une contribution financière contre un accès préférentiel aux portes d'entrée des résidents[24] ?

**Il faut ouvrir le débat sur la tarification de l'espace public.**

Gouverner le trottoir, c'est aussi apprendre à gouverner un objet hybride du point de vue de la dimension public-privé. Le foisonnement des opérateurs qui interviennent sur les couches physique et informationnelle du trottoir montre combien il est emblématique de l'imbrication croissante entre services publics et offres privées qui se constate dans l'ensemble des services urbains. Le paysage des opérateurs du trottoir s'apparente ainsi de plus en plus à un « écosystème urbain », au sens où il s'organise sous la forme d'un réseau complexe d'acteurs publics et privés, hétérogènes mais interconnectés, qui dépendent les uns des autres pour fournir des services aux habitants des villes. Or une collectivité

23 - Gratuité relative puisque les restaurateurs, cafetiers et étals de commerces payent leur occupation du trottoir, selon des barèmes qui pourraient toutefois prêter à débat.

24 - L'hypothèse est évoquée dans A. Townsend, *Ghost road*, *op. cit.*

ne gouverne pas un écosystème d'acteurs comme elle gouvernerait des opérateurs privés traditionnels dans le cadre des outils de la commande publique[25]. Une collectivité doit d'abord piloter le trottoir comme un actif stratégique: il lui faut organiser le dialogue entre les différentes directions en son sein qui le prennent en charge: stationnement, propreté, redevances d'occupation, mobilier urbain, mobilité, etc. Il lui faut sans doute aussi apprendre à lâcher prise sans laisser faire et, pour cela, à mieux définir quelles sont les priorités politiques: quel projet la municipalité porte-t-elle? En particulier, quelles sont les finalités assignées aux bordures de trottoirs?

Mais le trottoir est également un objet hybride sur le plan juridique (il est en principe de domanialité publique, mais les riverains peuvent y avoir des obligations d'entretien) et sur le plan urbain, puisqu'il constitue une sorte d'entre-deux entre l'immeuble et la chaussée. Alors que l'intensité de la vie urbaine s'appréhende largement par l'animation des rez-de-chaussée, certains urbanistes invitent à dépasser les dichotomies habituelles entre domanialité publique et privée, mais aussi entre intérieur et extérieur, et à considérer les rez-de-chaussée des immeubles autant comme une extension de la rue (et notamment du trottoir) que comme un soubassement de l'immeuble dans lequel ils se trouvent. Les rez-de-ville deviendraient de « nouveaux communs urbains » permettant d'imaginer de nouvelles modalités de cogestion[26].

—

Sous l'effet des transitions numérique, écologique et post-Covid, les usages du trottoir et de sa bordure s'intensifient: il est convoité par les piétons et les riverains, les restaurateurs, mais aussi par les opérateurs qui fournissent des services aux habitants des villes, tandis que les collectivités l'utilisent pour mettre en œuvre leurs politiques. Mais pour une rue donnée, le trottoir est physiquement limité et sa rareté en fait un espace précieux. Les municipalités doivent prendre conscience de ces évolutions, à la fois parce que les batailles pour le trottoir pourraient

**25 - Voir « Les métropoles au défi des nouveaux modèles économiques urbains », étude conduite par les agences Ibicity, Espelia et Partie prenante et financée par l'Ademe, la Banque des territoires et le Plan urbanisme construction architecture (Puca), printemps 2020.**

**26 - Voir David Mangin, « Projeter et dessiner les rez-de-ville », *Urbanisme*, n° 414, automne 2019.**

s'intensifier sous l'effet de l'accélération des transitions en cours, et parce qu'elles ne doivent pas se dessaisir de la valeur qu'il constitue. Il leur faut ainsi urgemment considérer que le trottoir est non seulement un enjeu de régulation, mais aussi un levier, aux services de finalités à énoncer précisément. Il leur faut également apprendre à gouverner différemment : maîtriser les acteurs des données, ouvrir la question de la rémunération par les opérateurs économiques des infrastructures urbaines qu'ils utilisent, articuler public et privé d'une manière renouvelée.

Le lecteur attentif aura remarqué que cet article n'évoque que les trottoirs français (et un peu nord-américains). Mais, assurément, les nouveaux usages du trottoir renvoient à des pratiques que l'on trouve dans les pays d'Asie, d'Amérique latine ou d'Afrique, dans lesquels les fonctions du trottoir préfigurent peut-être des évolutions qui émergent en France : le trottoir comme lieu de vie et le trottoir comme lieu des pratiques informelles, économiques ou non. Un détour par ces trottoirs d'ailleurs permettrait de renouveler l'approche que nous en avons : le trottoir n'est plus subalterne[27] !

27 - Voir Armelle Choplin et Cynthia Ghorra-Gobin, « Vers une pensée urbaine globale », *L'information géographique*, vol. 85, n° 2, juin 2021, p. 11-23.

# À qui profite le crime ?

## Insécurité et vote à l'élection présidentielle de 2002

*Vincent Tiberj*

Le 21 avril 2002 reste une date traumatique pour la gauche française. Ce jour-là, Jean-Marie Le Pen se qualifie à la place de Lionel Jospin pour le second tour de la présidentielle. Ce « tremblement de terre » s'est non seulement reproduit en 2017, mais il pourrait avoir une réplique en 2022. Vingt ans plus tard, l'insécurité semble redevenir l'un des enjeux électoraux majeurs, alors même que d'autres préoccupations se font jour autour des inégalités, de l'éducation ou des enjeux climatiques[1]. Il paraît donc important de revenir sur ce que l'insécurité a fait au vote en 2002. Est-ce bien cet enjeu qui a fait perdre Lionel Jospin, qui a gonflé les votes pour Jean-Marie Le Pen, qui a fait gagner Jacques Chirac ? On verra que les enquêtes de 2002 mettent en lumière une histoire plus complexe qu'il n'y paraît et que la martingale sécuritaire aurait très bien pu aboutir à un scénario catastrophe pour la droite. Elles montrent également que les préoccupations des Français étaient bien plus diverses que l'histoire ne l'a laissé entendre ; un enseignement qui mériterait d'être retenu pour la campagne présidentielle qui s'annonce.

**1 - Par exemple, dans la dernière enquête du Credoc, 25 % des répondants s'inquiètent de la violence et de l'insécurité, mais 16 % se préoccupent de la dégradation de l'environnement. Dans les enquêtes *« worries trends »* d'Ipsos, les répondants de janvier 2021 sont 44 % à mentionner la Covid, 31 % la pauvreté et les inégalités sociales, 29 % la criminalité, 27 % le chômage et 21 % le changement climatique.**

## Une lecture en héritage

Un récit de 2002 a fini par s'imposer. Pour de nombreux responsables politiques, éditorialistes et commentateurs, c'est l'« angélisme » du gouvernement Jospin et des partis de la gauche plurielle qui était en cause. Ceux-ci n'auraient pas vu ou auraient vu trop tard la montée des incivilités et des actes de délinquance, et n'auraient pas su traiter cette demande de sécurité. À l'inverse, Jacques Chirac, alors qu'il était mis en difficulté, tant par la popularité et le bilan du gouvernement Jospin, que par ses affaires *« abracadabrantesques »*, aurait senti le vent tourner, notamment avec le succès aux municipales d'une droite qui avait misé sur les préoccupations sécuritaires locales, la « génération terrain ».

Par la suite, une partie de la crédibilité de Nicolas Sarkozy à devenir président de la République s'est constituée dans ses premiers mois en tant que ministre de l'Intérieur d'un Jacques Chirac réélu avec 82 % des voix. Son activisme sur le terrain, sa rhétorique de l'action, sa dénonciation de la « police de proximité[2] » ont ainsi contribué à accréditer l'idée non seulement que la droite avait une expertise sectorielle sur ce sujet mais aussi que la gauche n'était pas compétente. En science politique, on appelle cela l'*issue ownership*[3] et c'est une clé de lecture particulièrement féconde pour comprendre la compétition partisane. Force est de constater que les leaders de la droite républicaine persistent depuis à se positionner sur cet enjeu. Pour preuve, Xavier Bertrand et Valérie Pécresse se revendiquent comme « candidats de la sécurité » et Éric Ciotti est généralement présenté comme le « monsieur Sécurité des Républicains ».

À gauche, le Parti socialiste a bien tenté de se repositionner sur les questions sécuritaires, idéologiquement, mais aussi en termes de carrières politiques. Plusieurs ténors socialistes comme Jean-Jacques Urvoas ou Manuel Valls ont tenté de développer une expertise sur le sujet. Au sein de la « Gauche populaire », un mouvement proche du PS au début des années 2010, émerge l'idée qu'il faut répondre aux besoins de sécurité des catégories populaires, sécurité étant entendue ici à la fois comme sociale et économique, physique, voire pour certains, culturelle. Plus récemment

2 - *« La police n'est pas là pour organiser des matchs de rugby dans les quartiers, mais pour arrêter les délinquants ! »*, 3 février 2003.

3 - Voir John R. Petrocik, "Issue ownership in presidential elections, with a 1980 case study", *American Journal of Political Science*, vol. 40, n° 3, août 1996, p. 825-850.

Olivier Faure, le premier secrétaire du PS, s'est montré à la manifestation organisée par le syndicat policier Alliance le 20 mai 2021, rejoint en cela par plusieurs figures de gauche, dont Anne Hidalgo ou Yannick Jadot, cherchant au moins à démontrer leur engagement auprès des forces de l'ordre et leur souci de la sécurité. Était-ce suffisant ? Pas sûr : au vu des sondages réalisés lors des régionales, la gauche continue de souffrir d'un déficit de crédibilité sur cette question.

## *Retour en 2002*

Et pourtant que nous racontent les enquêtes de l'époque[4] ? Du point de vue des électeurs, l'histoire est plus compliquée que ce qu'on en a retenu. Il faut d'abord revenir sur ce qu'on appelle les différents effets d'enjeux. Le « vote sur enjeu » est un concept central, désignant le fait de voter en fonction d'un problème particulier, considéré à court terme comme le plus important, à l'encontre des préférences partisanes ou des alignements sociaux de long terme. Évoqué dès les travaux fondateurs de l'école de Columbia et de Michigan, il a pris de l'importance aux États-Unis dès les années 1960. Norman Nie, Sidney Verba et John Petrocik pointent alors la déstabilisation des alignements électoraux construits lors du New Deal par des *« issues »* comme le mouvement des droits civiques, la révolution sexuelle et la guerre du Vietnam[5]. Plus tard, deux de ces enjeux deviendront des éléments constitutifs et stables des oppositions entre les deux partis américains. En France, le modèle des variables lourdes (classe, religion, patrimoine) et l'approche sociologique du vote ont longtemps dominé et il faudra attendre l'élection de 1995 pour que le vote sur enjeu soit empiriquement testé par Jean Chiche et Nonna Mayer[6].

Mais associés au vote sur enjeu, trois autres effets apparaissent. De quoi parle-t-on et ne parle-t-on pas lors d'une campagne ? Ce sera l'effet d'agenda[7], qui implique que la mise en avant d'une thématique dans une

4 - Voir Vincent Tiberj, *Vote et insécurité* [en ligne], Paris, Cevipof, 2002.

5 - Voir Norman H. Nie, Sidney Verba et John R. Petrocik, *The Changing American Voter*, Cambridge, Harvard University Press, 1979.

6 - Voir Jean Chiche et Nonna Mayer, « Les enjeux de l'élection », dans Daniel Boy et Nonna Mayer (sous la dir. de), *L'électeur a ses raisons*, Paris, Presses de Sciences Po, 1997, p. 219-237.

7 - Voir Roger W. Cobb et Charles D. Elder, "The politics of agenda-building: An alternative perspective for modern democratic theory", *The Journal of Politics*, vol. 33, n° 4, novembre 1971, p. 892-915.

campagne se fait souvent au détriment des autres. Comment parle-t-on des enjeux ? Selon quelles grilles explicatives ? C'est l'effet de cadrage[8]. Et comment les candidats sont-ils jugés face à ces cadrages et à ces enjeux ? Quelles qualités seront vues comme pertinentes ou inadéquates ? C'est l'effet de *priming*[9]. Dans une campagne, peuvent donc jouer à plein les effets liés aux candidats eux-mêmes (qui sont-ils ? d'où viennent-ils ? sur quoi sont-ils compétents ?), mais aussi des effets propres aux enjeux, que ce cela concerne l'agenda ou les cadrages. Si la campagne de 2002 a été considérée comme celle de l'insécurité, ce ne fut pas simplement par un effet d'agenda. Car parler de l'insécurité, c'était aussi la problématiser en termes de mécanismes causaux, ou en termes de politiques publiques. Les candidats comme Noël Mamère, qui parlaient prévention, ont été éclipsés par ceux qui privilégiaient la répression. Parler de l'insécurité, c'était aussi favoriser certains styles de candidatures : l'autorité ou le *leadership* étaient alors plus profitables pour les candidats que l'empathie ou la proximité.

Au niveau des citoyens pourtant, la situation était loin d'être aussi unanime. Dans la vague préélectorale du Panel électoral français, les répondants interrogés en mars et en avril avaient à choisir les trois problèmes « les plus importants dans leur vote », parmi la pollution, le chômage, l'immigration, les inégalités sociales, les scandales politiques, la délinquance, le fonctionnement de l'école, les retraites, la construction européenne, la lutte contre le terrorisme, la souveraineté de la France et la baisse des impôts. Pour 33,5 % des répondants, le chômage était le premier enjeu, suivi par la délinquance (19,5 %), les inégalités sociales (14 %), l'immigration (6,5 %), les retraites (5,5 %) et la pollution (5,5 %). Ce n'est que si on cumule trois réponses que la délinquance atteint un niveau majoritaire : 57,5 % la mentionnent comme l'un des trois problèmes qu'ils prendront en compte dans leur vote, 62 % font de même avec le chômage et 39 % pour les inégalités sociales. Mais, citer la délinquance comme première, deuxième ou troisième préoccupation n'a pas la même signification. Il y a là un effet de questionnaire bien connu qui fait que le

**Il y avait une forte tonalité sociale à l'élection présidentielle de 2002, ce que l'on a tendance à oublier.**

8 - Voir Shanto Iyengar, "Framing responsibility for political issues: The case of poverty", *Political Behavior*, vol. 12, n° 1, 1990, p. 19-40.

9 - Voir Shanto Iyengar et Donald R. Kinder, *News That Matters: Television and American Opinion*, Chicago, University of Chicago Press, 1988.

premier choix renvoie davantage à des préoccupations personnelles, tandis que les choix suivants font plutôt écho au bruit médiatique qu'à une réelle implication des répondants. Il y avait donc aussi une forte tonalité sociale à l'élection présidentielle de 2002, ce que l'on a tendance à oublier.

Surtout, ce « public d'enjeu[10] » préoccupé par la sécurité était loin de représenter l'ensemble de l'électorat. Il se retrouvait principalement parmi les électeurs de droite : 27 % d'entre eux la citaient comme premier enjeu (contre 26 % qui répondaient le chômage) et elle était citée comme l'un des trois plus importants problèmes par 67 %. En comparaison, seuls 13,5 % des électeurs de gauche considéraient la délinquance comme le principal problème, contre 37,5 % pour le chômage et 22 % les inégalités sociales. Même en cumulant les trois enjeux les plus importants, les électeurs de gauche restent avant tout préoccupés par des enjeux sociaux[11]. Parmi ceux qui ne sont « ni de gauche ni de droite », dont on sait qu'ils ont souvent le sentiment de ne plus être écoutés et encore moins représentés, la délinquance n'était pas aussi prégnante qu'attendue : seulement 20 % la mentionnaient comme premier enjeu contre 35 % pour le chômage. Ce n'est que quand on ajoutait les deuxième ou troisième enjeux qu'elle prenait de l'importance.

En matière de solutions à l'insécurité, l'électorat était également plus partagé que ce qu'on entendait sur les plateaux télévisés, où le cadrage répressif dominait. À gauche, on penchait encore pour des politiques de prévention tandis que les sanctions dominaient à droite. Pour lutter contre la délinquance, « améliorer les conditions de vie » était considéré comme efficace par 50,5 % des électeurs de gauche, mais seulement par 29 % des « ni de gauche ni de droite », et 23 % des électeurs de droite. Un « meilleur encadrement des adolescents » était efficace pour 54,5 % des premiers, 46 % des deuxièmes et 37 % des troisièmes, tandis qu'« une justice plus sévère » était considérée comme efficace par 48 % des premiers, 64,5 % des deuxièmes et 72,5 % des troisièmes. Pour lutter contre la délinquance, 62,5 % des électeurs de droite soutenaient la proposition de supprimer les allocations familiales aux familles de mineurs délinquants, contre 53 % des « ni de gauche ni de droite », et 40 % des électeurs de gauche.

10 - Voir Valdimer Orlando Key Jr, *Public Opinion and American Democracy*, New York, Alfred A. Knopf, 1961.

11 - Le chômage est alors cité par 68 % des électeurs de gauche, les inégalités sociales par 53,5 % d'entre eux et la délinquance par 48,5 % d'entre eux.

## Les voix de l'insécurité

Quelles conséquences dans les urnes ? Si le « piège[12] » de l'insécurité a finalement permis à Jacques Chirac d'être réélu, un tout autre scénario aurait pu se produire si Lionel Jospin n'avait pas accepté de jouer sur ce terrain, qui n'était pas celui sur lequel l'attendaient ses électeurs. Tout d'abord, l'expertise sectorielle de la droite sur les questions de délinquance n'était guère reconnue par les électeurs. On avait demandé aux répondants s'il y avait beaucoup de différences entre Jacques Chirac et Lionel Jospin sur la manière de gérer les impôts, l'insécurité, les retraites ou les entreprises publiques. Pour 69 % des interviewés, il y avait « peu de différences » entre les deux têtes de l'exécutif sur la délinquance. On avait également demandé aux électeurs qui citaient la délinquance comme l'un des problèmes qu'ils prendraient en compte dans leur vote si un candidat se distinguait sur cette question : 45 % des répondants qui la considéraient comme le principal problème ont répondu aucun, 10,5 % Lionel Jospin, 12,5 % Jacques Chirac et 13 % Jean-Marie Le Pen. Le Premier ministre sortant n'était donc pas jugé particulièrement inapte sur le sujet.

Ensuite, rappelons que Lionel Jospin et Jacques Chirac avaient tous deux fait le choix d'une campagne courte en annonçant officiellement leur candidature en février 2002. Ni l'un ni l'autre n'avait donc beaucoup d'espace pour développer l'ensemble de leurs propositions, sur l'insécurité, mais aussi dans les autres domaines de leur programme. Si l'on ajoute plusieurs faux pas de Lionel Jospin, notamment *« le projet que je propose au pays n'est pas un projet socialiste »* et la polémique autour de l'âge du président sortant *« vieux, usé, fatigué »*, on peut expliquer que nombre d'électeurs socialistes se soient détournés de lui. Surtout, difficile d'attribuer cette érosion des soutiens socialistes à la seule insécurité. Seulement 46 % des électeurs se déclarant proches du PS envisageaient de voter Lionel Jospin en mars-avril, mais 15 % envisageaient un vote pour l'un des candidats d'extrême gauche, 6 % pour Noël Mamère ou Christiane Taubira. Seulement 6 % de ces proches des socialistes souhaitaient voter pour Jean-Pierre Chevènement, l'ancien ministre de

**12 - Par piège on entend ici la capacité d'un candidat à imposer un terrain de campagne sur lequel ses concurrents joueront « à l'extérieur ». En 2007, Nicolas Sarkozy avait ainsi imposé son approche sur l'immigration et l'intégration (Voir V. Tiberj, *La Crispation hexagonale. France fermée contre « France plurielle », 2001-2007*, Paris, Plon, 2008).**

l'Intérieur favorable à une politique de fermeté face aux *« sauvageons »*, 2 % pour Jacques Chirac et 2,5 % pour Jean-Marie Le Pen. Il était difficile pour Lionel Jospin de se qualifier au second tour avec une telle faiblesse de son noyau dur électoral. Et cette faiblesse était difficilement attribuable aux questions sécuritaires (qui auraient dû bénéficier au vote pour Chevènement), mais plutôt à ses difficultés à répondre aux demandes sociales de ses électeurs. Si l'insécurité a été un piège pour Lionel Jospin, c'est avant tout parce qu'il a peu traité des questions de chômage et d'inégalités qui travaillaient la gauche, et préféré, avec le thème de l'insécurité, jouer le second tour avant le premier.

Et Jacques Chirac dans tout ça ? S'il y a bien eu un vote sur l'insécurité, ce ne fut pas en sa faveur. C'est Jean-Marie le Pen, et lui seul, qui en a bénéficié. L'élection de 2002 a en effet été marquée par un fort vote « non conforme[13] », soit un vote pour un candidat autre que celui soutenu par le parti dont l'électeur se sent proche : 44 % des électeurs étaient dans ce cas. Ce vote non conforme a avant tout profité à l'extrême gauche (en provenance de la gauche), ce choix représentant 28 % des « non conformes », et aussi en faveur de Jean-Marie Le Pen (18,5 % de ces individus). Mais surtout, c'est auprès du public d'enjeu sécuritaire que le leader de l'extrême droite a engrangé des soutiens. Parmi les votants non conformes qui ont choisi Jean-Marie Le Pen, 69 % ont cité la délinquance comme l'un des trois problèmes les plus importants, et 56,5 % se disaient en insécurité[14]. Or la plupart de ces électeurs venaient de la droite classique. En fin de compte, le « piège de la sécurité » aurait très bien pu se retourner contre celui qui l'avait activé, Jacques Chirac.

## *Leçons pour 2022*

L'insécurité est un enjeu tout à fait légitime et le droit à la sûreté fait d'ailleurs partie intégrante de la Déclaration des droits de l'homme de 1789. Ici, il s'est agi de se focaliser sur les usages et les cadrages politiques de la question sécuritaire. L'histoire de l'élection de 2002 à travers les

13 - Voir Vincent Tiberj, Bernard Denni et Nonna Mayer, « Un choix, des logiques multiples. Préférences politiques, espace des possibles et votes en 2012 », *Revue française de science politique*, vol. 63, nº 2, 2013, p. 249-278.

14 - Par comparaison, 55 % de l'ensemble des électeurs non conformes citaient la délinquance comme l'un des trois problèmes les plus importants, et 31 % se disaient en insécurité.

enquêtes pré-électorales nous renseigne sur quelques effets de cette mise à l'agenda dans une campagne présidentielle. Le premier fut de passer sous silence d'autres thèmes qui auraient aussi mérité d'être traités afin d'éclairer les choix électoraux. En 2002, les inégalités sociales, le chômage et la pollution furent éclipsés. En 2022, sera-ce aussi le cas de l'urgence climatique, des inégalités entre territoires, des services publics ou de l'éducation ? Le temps disponible pour traiter des enjeux n'est pas infini, *a fortiori* dans un espace médiatique de plus en plus fragmenté, et alors même que les citoyens français divergent sur les enjeux les plus importants qu'il faudra traiter lors de la campagne.

Un second enseignement est que la mise à l'agenda est aussi une affaire de stratégie d'acteurs. Certains candidats ont intérêt à mettre en avant les questions sécuritaires, car cela renforce le poids relatif de leurs électeurs et peut leur permettre de récupérer des voix (ce fut le cas pour Jean-Marie Le Pen en 2002). Mais cela empêche surtout d'autres acteurs de faire valoir leurs enjeux et leurs solutions, soit par manque d'espace médiatique, soit parce que ces acteurs se sentent obligés de s'engager sur ce terrain à leur tour. En fin de compte, Lionel Jospin a perdu non pas pour n'avoir pas assez parlé d'insécurité, mais parce qu'il n'a pas répondu aux attentes de ses électeurs. C'est sans doute la leçon principale à retenir pour les candidats et les partis qui voudraient aujourd'hui placer les questions sociales et environnementales au cœur de la campagne présidentielle.

# Cultures

*Chroniques*



*Recensions*

Poésie

# Bernard Noël *in memoriam*

Philippe Ollé-Laprune

> *« La nuit meurt d'un rien*
> *D'un éclat*
> *D'une étincelle »*

Le 13 avril 2021 disparaissait Bernard Noël, écrivain majeur de notre temps. Son œuvre, aussi ample que profonde, continue de nous interroger. Né en 1930, il fait partie d'une génération marquée par les horreurs du XX^e^ siècle, avec la Seconde Guerre mondiale et les camps de concentration, la bombe atomique, le stalinisme et le nazisme, les guerres coloniales. Face à ces fléaux, et après avoir publié son premier recueil de poèmes en 1958[1], il est pris par l'imposition du silence : il vivra un conflit intérieur qui oppose le pouvoir des mots au mutisme volontaire.

Engagé aux côtés des Algériens pendant la guerre d'indépendance, Bernard Noël est un « porteur de valises » qui appuie l'action du Front de libération nationale. Emprisonné, il entend durant la nuit les cris des torturés et dira combien cette épreuve l'a ébranlé, lui a ôté l'envie d'écrire. Pendant une dizaine d'années, il vivra de sa plume, mais en participant à la rédaction de dictionnaires. Il en tirera la certitude que sa maîtrise du langage a été acquise au cours de cet épisode, où la précision exigée par l'écriture lui a donné une virtuosité dont il saura ensuite tirer parti.

Son activité d'auteur sera ancrée dans un engagement profond dans des luttes diverses et portée par un sens

1 - Bernard Noël, *Extraits du corps* [1958], Paris, Gallimard, 2006.

du refus face aux ignominies de son temps. Il en dira : *« À un certain moment du gaullisme, le roman érotique m'est apparu comme une arme contre la bêtise politique – la seule arme contre cette société satisfaite et puante*[2]. *»* Il publie alors en 1969, sous pseudonyme, son roman *Le Château de Cène*, qui sera censuré quand il sortira sous son nom deux ans plus tard[3]. Pour lui, ce livre est l'exorcisme de la terrible constatation : les bourreaux torturaient les Algériens en langue française, cette même langue que des hommes politiques, qu'il trouvait répugnants, salissaient dans leurs discours et qu'il pensait utiliser pour donner vie à une œuvre littéraire. Ce court texte, d'une rare intensité érotique, constitue la libération de sa parole, le moyen qu'il s'est donné pour s'approprier les mots qu'il ne lâchera plus. Il est frappant d'observer que cette deuxième édition est contemporaine, en 1971, de son *Dictionnaire de la Commune*, fruit d'un travail de recherche de plusieurs années[4]. Sensible à cette révolution et au sort tragique des communards, il donne alors un livre de référence sur le sujet qui est aussi un hommage à ces révolutionnaires sacrifiés par le pouvoir versaillais. Il propose dans un même élan deux livres qui sont, malgré leurs différences évidentes, des chants à la révolte et au refus de se soumettre.

Avec la sortie du *Château de Cène*, il est attaqué en justice et condamné. Au cours du procès, il s'inscrit en faux contre des déclarations de son avocat qui argumentait que *« cet écrivain n'était pas dangereux car c'était un bon écrivain »*. Comme si les auteurs dignes de ce nom devaient être inoffensifs. Or, comme il l'a dit ensuite, il a *« cherché une langue parfaite pour exprimer l'horreur »* et non pour montrer la beauté de son style. Les textes de Bernard Noël ne sont jamais gratuitement « jolis » : s'ils recherchent une forme esthétique aboutie, ils sont avant tout au service d'une sensibilité et d'une pensée exigeantes. Victime de ces attaques de la censure, il en tire une réflexion autour d'un phénomène plus insidieux et plus inquiétant. Pour accompagner son propos, il invente un terme neuf : la *« sensure »*, qu'il définit par la privation de sens par l'excès. Il écrit : *« Pour la première fois dans l'histoire, c'est la séduction qui opprime et non pas la violence*[5]. *»* Par une profusion de mots et d'informations, un usage mal maîtrisé de la langue devenue molle et collante, nos sociétés suppriment la possibilité de développer une pensée critique. Et cela pousse à une perte de sens. La défense du mot et de son sens passe par la pratique littéraire, écriture

2 - B. Noël, *Lettre à Serge Fauchereau du 2 février 1970*, dans *L'Outrage aux mots* [1975], Paris, P.O.L, 2011.
3 - B. Noël, *Le Château de Cène* [1969], Paris, Gallimard, 1990.
4 - B. Noël, *Dictionnaire de la Commune* [1971], Coaraze, L'Amourier, 2021.

5 - B. Noël, *L'Outrage aux mots*, *op. cit.*

et lecture confondues. À cet égard, l'engagement de Bernard Noël dans son travail correspond aussi à une forme d'opposition à cette *« sensure »*.

L'œuvre qui en émane est volumineuse et, surtout, frappe par la variété des genres qu'elle utilise[6]. Il est peut-être avant tout poète, mais il a écrit des romans, des récits, des monologues, des essais, des critiques littéraires ou artistiques, des traductions, des pièces de théâtre et des dictionnaires. Plutôt que de vouloir toucher à tous les genres, il a tenté d'en abolir les limites, comme si la pratique de l'écriture était une et ne pouvait que mener à la fusion de ces genres. Une telle profusion montre aussi que son travail interroge le bien-fondé de la littérature, sa pertinence et ses limites. Il faut ajouter qu'il a été un éditeur exceptionnel avec la direction, entre autres, de la collection « Textes » chez Flammarion et animateur de rencontres, en particulier à la Fondation Royaumont. Cette activité était portée par l'idée que la littérature est un territoire de résistance, le lieu du refus des facilités, de la bêtise et des clichés. Au cours d'une conférence à Mexico en 1994, il a déclaré : *« J'ai rencontré une femme, mécène, qui m'a dit au cours d'un dîner qu'elle lisait pour penser à autre chose. J'écris pour proposer des textes qui ne font pas penser à autre chose. »*

Par la force agissante de la littérature, l'écrivain a le privilège de redonner sa force à la parole : *« L'écriture, parce qu'elle joue à la fois du visible et de l'invisible, éclaire l'obscur*[7]*. »* Il n'est pas dupe et sait que l'univers de l'écrit reste enfermé sur lui-même et peine à se traduire en actes. Mais il retourne l'argument : *« L'impuissance à changer le monde n'est pas la faute de la pensée : elle fait sa bouche de cette blessure*[8]*. »* La noblesse de l'acte d'écrire consiste à renforcer la puissance de la parole par la précision et la pertinence du vocabulaire et à se faire l'interprète de la douleur de savoir que cet acte a du mal à porter à conséquence hors de sa propre sphère d'influence.

*« La poésie est pour moi une sorte d'orage mental qui fait pleuvoir du verbe, du mouvement, un mouvement de violente unité entre le dehors et le dedans*[9]*. »* Bernard Noël procédait par la délimitation d'un espace, à la fois mental, par les thèmes abordés, et physique, par le nombre de vers ou leur longueur. Une fois le territoire cerné, il laissait pleuvoir ses mots. Le texte laisse ainsi en adéquation les fulgurances intérieures avec les mots inscrits sur la page.

6 - L'essentiel des soixante ouvrages est regroupé en quatre volumes : B. Noël, *Les Plumes d'Éros*, *L'Outrage aux mots*, *La Place de l'autre* et *Comédie intime*, Paris, P.O.L, 2010, 2011, 2013, 2015.

7 - B. Noël, *Le Livre de l'oubli*, Paris, P.O.L, 2012, p. 43.

8 - B. Noël, « De l'impuissance ? » [2007], dans *L'Outrage aux mots*, *op. cit.*

9 - B. Noël, *L'Espace du poème. Entretiens avec Dominique Sampiero*, Paris, P.O.L, 1998, p. 21.

Si le défi au temps et à l'oubli reste une préoccupation majeure, Bernard Noël ne cesse de parler de corps, de regards et de peintures. Son écriture insiste sur les aspects les plus physiques de notre existence : la chair porte, avant l'esprit, les mots que nous voulons laisser. Et l'œil, figure récurrente de son œuvre, interroge le beau et le mystère qui l'accompagne. Dans son parcours, de nombreux auteurs marquent ses écrits. Avec complicité et respect, il cite, entre autres, Artaud, Daumal, Gilbert-Lecomte et Bataille.

Bernard Noël nous laisse ses mots, ses pensées et ses livres, qui apaisent parfois et tourmentent souvent par leur tranchant. *« Le pays d'en bas est noir »*, a-t-il écrit. L'énigme et le souffle de sa parole passent mieux que jamais dans ces mots.

## Littérature

# Retour à Rome

**Cécilia Suzzoni**

C'est un roman historique inattendu et susceptible de passionner bien des lecteurs, antiquisants érudits, amoureux de la Rome antique, amateurs de fictions exotiques, que cette *Nuit des orateurs*, dont l'écriture, parfaitement lisible, est pour autant somptueusement à contre-courant, gorgée qu'elle est de l'élasticité de la *« résonnante syntaxe latine »*. Surtout, Hédi Kaddour a eu l'audace, efficace, d'insérer dans le tissu de sa phrase – et donc souplement traduit – un latin de l'époque, parfaitement en phase avec la matière romanesque. Cette subtile stratégie d'écriture, évitant l'effet citationnel, préserve l'homogénéité d'un récit attentif à ne jamais basculer dans un anachronisme complaisant, non plus que dans cette distance vertigineuse qu'on vante trop souvent aujourd'hui comme l'intérêt majeur du retour à l'antique.

L'intrigue met en scène une galerie de personnages « historiques », lettrés, hauts magistrats de la Rome impériale du Ier siècle, poètes déjà célèbres ou en mal de reconnaissance. C'est un grand plaisir de voir converser familièrement Tacite, Pline le Jeune, anciens élèves de Quintilien, aux côtés de Juvénal, de Martial, à un moment où ils ne sont pas encore devenus les « auteurs » de la Bibliothèque latine. Mais l'intérêt romanesque de ces dix-neuf chapitres, qui se lisent comme la progression d'une intrigue policière, réside dans le choix d'un espace-temps particulièrement suggestif, celui des dernières années de l'empereur Domitien, à un moment où celui qui se fait désormais appeler *dominus et deus*, maître et dieu, fait régner la terreur dans une Rome où la seule mention d'un poète républicain comme Lucain signe un arrêt de mort.

Cette « nuit des orateurs » est celle au cours de laquelle est censée se jouer la vie de Publius Cornelius Tacitus, de son épouse, Lucretia, fille du grand Agricola, et de leur ami Pline le Jeune. Ils sont en effet coupables de s'être compromis dans l'affaire Massa avec l'ennemi juré de l'empereur, le républicain Senecio[1]. C'est aussi la sombre métaphore d'une tyrannie qui rappelle, de sinistre mémoire, une époque où, comme le dira l'historien Tacite, *« la fortune entière a brusquement basculé dans le féroce »*. De cette férocité, qui *« fait de la souffrance infligée un art »*, le roman déplie en quelques scènes puissantes le *« baroque funèbre[2] »*. Mais l'efficacité de la narration est de donner à l'historicité concrète du détail, propre à l'esthétique du *peplum*, une coloration romanesque, très loin de la poussière des souvenirs de collège. Chaque chapitre offre, souvent dans le cadre d'un monologue intérieur du personnage, une plongée dans une intimité qui est aussi prétexte à faire vivre un moment, un lieu de cette Rome où *fides* et *amicitia* courent à tout moment le risque, sous l'empire de la *pavor*, du *« supplice qui fait désirer la mort »*, de se trahir.

De ces personnages, le couple que forment Tacite et sa jeune femme – mariée à l'âge de 12 ans – constitue évidemment le point d'attraction majeur. À eux seuls, les deux premiers chapitres offrent une synthèse particulièrement réussie des enjeux géographique, historique, politique et psychologique de ce thriller politique. C'est la méditation sombre et mélancolique de Tacite, prenant brusquement conscience de la maturité intellectuelle et politique de sa jeune femme : *« Quand a-t-elle grandi ? »* Cette Lucretia qui s'improvise femme de tête décidée à mourir, en vraie matrone romaine, le poignard à la main, ou à sauver son couple, en se rendant justement auprès de cet empereur, un ami d'enfance, pour plaider la cause de son époux et de leur ami ; une matrone qui rêve aussi en secret d'infliger les plus cruels tourments à la maîtresse de son mari… La modernisation de la psychologie des deux rivales, haine réciproque en l'occurrence, ne fait pas dans l'anachronisme.

Dans le chapitre « Subure », nous suivons la litière de Lucrèce se rendant à la *Domus augusta*. C'est une plongée pittoresque dans le quartier le plus mal famé de Rome, et l'occasion de méditer avec Lucretia et *« ses yeux de fille de soldat »* sur ce qu'est devenue Rome sous la coupe d'un empereur qui *« tue comme on éternue »*, et de *« la plus belle paire de délateurs de Rome, Norbanus et Regulus »*. Lucretia livre une première définition de la tyrannie, engendrée par la corruption de la peur : *« c'est cela la tyrannie, quand les actes honorables d'un citoyen romain deviennent comme autant de petites fautes de tragédie »*.

**1 - Senecio et Pline le Jeune, ami de Tacite, avaient plaidé avec succès contre le gouverneur de la province de Bétique, Boebius Massa, un familier de l'empereur, coupable de très graves prévarications. Mais la démesure de Senecio avait entraîné contre lui une accusation de lèse-majesté portée devant le Sénat. Sa perte était dès lors assurée et cette situation compromettait Pline et Tacite.**

**2 - Roland Barthes, « Tacite et le baroque funèbre », dans *Essais critiques*, Paris, Seuil, 1964, p. 108.**

L'habileté est aussi d'avoir préféré au point de vue surplombant d'un narrateur omniscient, le choix polyphonique de ces monologues intérieurs restitués dans la tension grandissante de la peur : *« quelques heures entre eux et la mort »*. Un pareil choix permet de nuancer un portrait par un autre. Ainsi Tacite et Pline le Jeune, dont la *« droiture muette »* est dévouée à la gestion de la *res publica*, sont décrits tantôt comme *« les représentants de cette fraction des hommes lisses, ni courtisans, ni comploteurs, qui était l'appui par défaut – sinon par conviction – du pouvoir impérial »*. Mais pour le républicain Senecio, ce sont des magistrats qui, *« à l'ombre du tyran, font de belles carrières, de magnifiques carrières d'hommes lisses, d'hommes sans couleur,* homines nullius coloris *»*.

Le même Senecio, dans le chapitre qui lui est consacré, occasion d'une magnifique évocation de la légende noire des Gracques, fait fi de toute *prudentia*, et son rêve fou de restituer la République est rabaissé au rang d'un *« délicieux papotage »*. Quant à Norbanus, préfet du prétoire, rongé du ressentiment et de la haine propres aux Romains de fraîche date contre les *« vantards de la Curie »*, il hallucine et savoure, en de formidables et extravagantes hypotyposes, *« une forêt de comploteurs crucifiés »*.

C'est cependant le portrait de Domitien, disséminé dans l'ensemble des chapitres, qui reste le plus fascinant. Les échanges entre « modérés » de la *gens togata* – dont Nerva, appelé dans l'ombre à devenir le chantre d'une *libertas restituta* –, spéculent sur la folie du pouvoir absolu, devenu incontrôlable et donc *« dangereux pour tout le monde »*. Mais ils soulignent le caractère bifrons de l'empereur, *alius et idem*, partagé entre son *anima bruta* – la jouissance dans l'exercice de la terreur – et une sagesse réelle, surtout dans la gestion des provinces, une sagesse politique qui l'encourage à faire malgré tout confiance à ces hommes, *« déférents »* mais sans servilité, qui ont entre leurs mains l'ordre et l'équilibre de l'empire. L'ultime confrontation entre Domitien et les deux sénateurs illustre, dans une tension au couteau, cette politique de duplicité et de secret profond qui est propre au despotisme : paralysie de la parole – les mots ont perdu toute valeur fiduciaire –, traque et science des signes – mouvements des lèvres, des yeux, *« le bleu pâle et opaque des yeux de poisson mort »* de Domitien –, nécessité de *« tout conjecturer »* et, surtout, de *« gouverner et vaincre sans éclat »* pour ne pas s'attirer l'*invidia* du maître et dieu.

Dans ce climat, Rome reste pourtant l'*urbs* lettrée, *« débordée par les livres »*. La *vita communis* si chère aux Romains continue… Au cœur du roman, la séance de lecture, rituel tout à la fois mondain et littéraire de la *recitatio* qui précède toujours la publication, est un morceau de choix. L'affranchi de Pline le Jeune, Pétrone[3], lit des *« fragments d'histoires »* dans lesquels, brillamment commentés par Kaddour, le lecteur reconnaît *Le Satiricon*. Et c'est le déferlement d'*« un langage monstrueux »*, une absolue nouveauté littéraire, riche de tous les mélanges linguistiques, sociaux, littéraires, à l'image de cette Rome *« née par mélange, emprunt, absorption, fusion »* : rien à voir avec *« la bonne littérature »* et les romans grecs ! Cette lecture vaut comme mise en abyme du chaos de la cité, chaos engendré par la tyrannie, illustration de *« ce qui arrive lorsqu'il n'y a plus de règles et de lois »*, mais une lecture qui fait entendre ce que Nietzsche appelait, à propos du style de Pétrone, *« le sarcasme libérateur d'un vent qui assainit toute chose »*.

La belle prose de ce roman est riche de tout le poids de la langue latine, de son côté « pavé », « pierre de taille » ; et c'est un hommage précieux, émouvant, à une latinité perdue que ce latin *redivivus*, rendu à même le tissu conjonctif de l'écriture : il fait le pari réussi, celui de Claude Simon, d'un retour *« aux choses latines mêmes »*. Mais c'est un écrivain d'aujourd'hui qui parle de cette Rome impériale à des lecteurs d'aujourd'hui. Qui oserait dire définitivement *intempestive* cette évocation d'une Rome où l'amphithéâtre a remplacé le forum et ses combats de paroles, où la plèbe impatiente de joies mauvaises ne se souvient plus qu'elle fut *populus*, où *« il arrive des choses qu'il vaut mieux ne pas avoir vues »*, où les meilleurs *ruere in servitium* se sont précipités dans la servitude, dira plus tard le même Tacite ?

---

***La nuit des orateurs***
**Hédi Kaddour**
Gallimard, 2021, 348 p., 21 €

**3 - Hédi Kaddour a donc choisi la version biographique qui fait de Pétrone, non pas le contemporain de Néron, mais un contemporain de l'époque flavienne.**

## Cinéma

# « Raconter, c'est tromper et réparer »

### Entretien avec Hamaguchi Ryusuke

*Palme d'or évidente aux yeux de nombreux festivaliers,* Drive My Car *a décroché un étrange Prix du scénario cette année au Festival de Cannes. Hamaguchi Ryusuke, en compétition déjà en 2018 avec* Asako 1 & 2, *s'est fait connaître en France avec* Senses *en 2015. Sa filmographie encore mal distribuée en France est riche d'une dizaine de fictions et de documentaires. Une œuvre cohérente, attentive à la parole comme à l'écoute, hantée par les deuils et les disparitions, d'une finesse de sentiments et d'une précision dans la mise en scène qui fait douter de ce que ce jury cannois appelle scénario. Dans* Drive My Car, *l'interprétation, la direction d'acteur et la mise en scène témoignent de l'immense maîtrise d'un cinéaste déjà au sommet de son art à 42 ans. Pour la revue* Esprit, *qui a publié en avril 2019 sa leçon de cinéma (« Que faire voir ? »), il est revenu sur la fabrication de ce bouleversant film sur le deuil, la rencontre et l'apaisement.*

***Comment ce projet est-il né ? Il succède de très peu à* Contes du hasard et autres fantaisies *(2020), Grand Prix au festival de Berlin. Est-ce que les deux projets se sont chevauchés ?***

En 2018, après la sortie de *Asako 1 & 2*, mon producteur Yamamoto est venu avec un projet sous le bras, une nouvelle de Murakami. Il se trouve que cette nouvelle ne me parlait pas immédiatement. Mais je lui ai dit que j'avais lu une nouvelle de Murakami, *Drive My Car*, dans laquelle il y avait des motifs, des questionnements qui m'intéressaient, que j'avais déjà abordés dans mes précédents films : la voiture (un espace clos dans lequel un échange intime peut se dérouler), l'idée du déplacement et du trajet, et des personnages d'acteurs ou de metteurs en scène. En 2019, j'ai commencé les démarches pour obtenir les droits auprès de Murakami, et à écrire le scénario. Parallèlement, j'avançais dans *Contes du hasard et autres fantaisies*. Courant 2019, j'ai tourné deux des trois épisodes des *Contes*… Nous devions débuter le tournage de *Drive My Car* en mars 2020. Nous avons tourné toute la première partie du film, le prologue à Tokyo. La Covid s'est ensuite beaucoup diffusée au Japon. Il a été question que Tokyo soit mis en état d'urgence. Nous avons été obligés de nous interrompre. Nous étions censés tourner à Busan, en Corée. Or les déplacements à l'étranger sont devenus très compliqués. Le tournage a été interrompu pendant huit mois. Il a fallu trouver une solution de tournage. Et, dans cet intervalle, j'ai tourné le troisième épisode des *Contes*… En novembre 2020, nous avons pu terminer le tournage de *Drive My Car*. Excepté pour la petite séquence de fin, qui a été tournée en mars 2021, soit un an après le début du tournage du film.

***Kafuku, le personnage principal, qui perd sa femme durant le prologue du film, est invité à Hiroshima pour monter* Oncle Vania *de Tchekhov. Il y rencontre une jeune femme, Misaki, qui lui est assignée comme chauffeur. Aviez-vous prévu de tourner cette rencontre avec la jeune femme, qui le conduit quotidiennement à travers les paysages de la mer intérieure, à Hiroshima ?***

Non.

***La trajectoire du héros avec Misaki, de Tokyo à Hiroshima puis à Hokkaido, le conduit à revisiter des souvenirs traumatiques et à aller à la rencontre des souffrances de son interlocutrice dans la voiture, comme à la rencontre des catastrophes collectives traversées par le Japon. Avez-vous souhaité associer les catastrophes individuelles et celles de l'histoire du Japon contemporain ?***

Quand le producteur m'a parlé pour la première fois de Hiroshima, qu'il envisageait comme lieu de tournage, je n'ai pas tout de suite été enthousiaste. Cela m'a semblé compliqué parce que le symbole historique est lourd. Et je ne savais pas si je souhaitais que mon film y soit associé. D'autant plus que j'avais déjà traité de la catastrophe de Fukushima dans *Asako 1 & 2* et coréalisé une trilogie de documentaires dans la région sinistrée du Tohoku (*The Sound of the Waves* en 2011, *Voices from the Waves. Shinchimachi* et *Kesennuma* en 2012, et *Storytellers* en 2013). Je craignais qu'on pensât que je faisais toujours la même chose, que je cherchais à aborder les épisodes dramatiques de mon pays. Donc j'étais assez réticent. Mais je suis allé voir à quoi ressemblait la ville. Et la lumière sur cette mer intérieure est magnifique. D'un point de vue architectural, toute la zone autour du Mémorial de la paix me semblait très adaptée au film. Par ailleurs, c'est une ville qui a été rasée et reconstruite. Cette histoire est encore très présente dans la ville. Or les protagonistes de *Drive My Car* subissent une perte importante et cheminent vers la reconstruction d'eux-mêmes. Il y avait donc un parallèle possible. Ce qui importe pour moi, c'est que ce film interroge notre responsabilité dans ce qui nous arrive. Et cette interrogation des personnages a un lien avec Hiroshima. En effet, la ville a été victime de la bombe atomique, mais le Japon a aussi beaucoup attaqué les pays voisins pendant la guerre. De ce point de vue, il y avait vraiment un sens à tourner à Hiroshima.

**Drive My Car *est centré sur cette voiture autour de laquelle se déploient les quatre temps du film: un premier temps durant lequel elle abrite les conversations du couple sur leurs récits (puisque Kafuku est metteur en scène et son épouse scénariste), un deuxième temps durant lequel Kafuku écoute les cassettes enregistrées par sa femme décédée pour lui faire répéter ses rôles, un troisième durant lequel la Saab rouge accueille l'échange et les récits de Misaki et Kafuku, et enfin un quatrième (épilogue), dont nous ne dirons rien si ce n'est qu'il ouvre vers une autre destinée pour cette voiture. Cet espace d'écoute est assez parallèle à celui que vous créez, avec votre coréalisateur Ko Sakai, dans les séquences d'entretiens avec des survivants du tsunami en 2011 qui composent votre trilogie documentaire (sans compter que les entretiens étaient entrecoupés de brèves scènes de déplacement en voiture des cinéastes). Vous tourniez ces entretiens avec deux dispositifs de prise de vue: interlocuteurs face à face en décalé, de sorte que chacun regarde la caméra, ou de biais, l'interlocuteur écoutant de dos en amorce de plan. Vous disiez à l'époque que vous cherchiez à créer un espace d'écoute et de parole* (kiki-gatari) *capable d'apaiser vos interlocuteurs*[1].**

Effectivement, dans ces documentaires que j'ai tournés avec Ko Sakai après la catastrophe de 2011, nous avons beaucoup tourné frontalement. Depuis *Passion* (2008) et *The Depths* (2010), mes premiers longs métrages de fiction, je me suis dit qu'en tournant face caméra, j'accéderais à quelque

1 - Voir Élise Domenach, « Entretien avec Ko Sakai et Ryusuke Hamaguchi. Écouter la voix des morts », *Fukushima en cinéma. Voix du cinéma japonais*, Tokyo, Tokyo University Press, 2015.

chose de plus puissant en termes de jeu. La caméra enregistre ce jeu pleinement de face, avec une plus petite distance entre l'objectif et ce qui se joue. Placer la caméra face au sujet, c'est ce que j'ai commencé à faire dans *Intimacies* (2012) et ce que nous avons pleinement exploité dans les documentaires. Par conséquent, un vrai parcours s'est dessiné de *Passion* à *Intimacies* puis aux documentaires, qui a confirmé au fur et à mesure une intuition.

Accéder à l'intimité des personnages dans cet espace clos qu'est la voiture en mouvement était d'autant plus important qu'il fallait rendre compte du développement de leur écoute réciproque. À l'origine, Kafuku est un homme esseulé dans son couple, éloigné de sa femme avant même de la perdre. Cet éloignement vient évidemment de la mort de leur fille. Cette disparition, ils l'ont surmontée chacun de leur côté en s'investissant davantage dans la création artistique, mais en construisant chacun des récits de son côté. Oto décède et arrive Misaki. Son rôle consiste justement à écouter Kafuku. S'il y a une chose que j'ai vraiment apprise en réalisant des documentaires, c'est que pour parler, les gens doivent se sentir écoutés. Ce qui permet la libération de la parole, c'est de pouvoir être entendu.

***Vous prononcez souvent le mot de* monogatari *à propos de ce film. Est-ce que vous le concevez comme une sorte de prolongement de cette forme littéraire liée à la tradition orale, attachée au récit fictionnel ou « fictionnalisé » d'une histoire qui dérive parfois d'un événement historique (comme le* Dit du Genji*) ?***

Murakami dit de lui-même que, dans une vie antérieure, il racontait probablement des histoires dans une grotte. Il considère que son travail, c'est de raconter des histoires *(monogatari)*. En littérature, il y a des livres qui racontent des histoires et d'autres pas. Je crois que c'est ce qui m'intéresse beaucoup chez lui. Je ressens une continuité entre son travail et le mien. Littéralement, *mono* veut dire « l'objet, la chose », et *kataru* veut dire « raconter », mais aussi « duper, tromper ». Donc *monogatari*, c'est une façon de raconter ou de tromper quelque chose en lui donnant une autre forme. On peut donc aussi traduire *monogatari* par « récit ». Quand j'ai réalisé des documentaires, cela a été une révélation pour moi. Les victimes du tsunami que je rencontrais me disaient toutes la même chose : nous n'arrivons pas à croire à ce qui nous arrive, nous avons l'impression de vivre dans un cauchemar. Le fait de raconter ce qu'elles ont vécu leur permet de se réapproprier leur propre réalité, de se remettre en phase avec ce qu'elles ont subi. Personne ne s'attend à ce que sa vie soit soudain engloutie. Le décalage entre la vie qu'on menait et la vie qu'on se retrouve à mener peut être terrible. Cet écart peut être comblé par l'histoire. Ainsi, *monogatari* est une notion importante pour moi. C'est ce que font les personnages Kafuku et Misaki. À la fin du film, ils racontent leur histoire. Leur échange est presque trop explicite, mais c'est un processus nécessaire.

***La double scène finale d'apaisement (le monologue de Sonia, dans la bouche de Misaki puis sur scène) témoigne du pouvoir de réparation de l'histoire, et du film lui-même.***
Oui, j'ai réalisé le film dans cet esprit.

*Propos recueillis par Élise Domenach à Cannes, le 14 mai 2021. Remerciements à Léa Le Dimna, interprète.*

## Exposition

# La restauration du *Retable d'Issenheim*

**Hélène Mugnier**

L'évidence fait l'unanimité : le *Retable d'Issenheim* est un chef-d'œuvre. Pour Joris-Karl Huysmans, c'est bien simple : *« Auprès de Grünewald, tous s'écroulent.* […] *il vous accapare et vous subjugue ; en comparaison de ces clameurs et de ces outrances, tout le reste paraît aphone et fade*[1]. » Mais on n'en sait pas grand-chose, pas assez en tout cas pour situer et comprendre pareille singularité dans l'histoire de la peinture.

Les qualités hors norme de style, de facture, de technique, signent le travail d'un très grand maître, certainement renommé et épaulé d'assistants talentueux (peintres, menuisiers, ébénistes). Tout chef-d'œuvre qu'il soit, le *Retable d'Issenheim* reste pourtant orphelin : pas de signature visible, pas de contrat de commande ni de règlement qui nous soit parvenu. L'auteur est-il bien Matthias Grünewald, selon l'hypothèse la plus plausible à ce jour ? Des partis pris iconographiques intriguent aussi : saint Jean-Baptiste (décapité avant l'arrestation du Christ) figure en prophète, au pied de la Croix ; un grand concert d'anges vole presque la vedette à la Vierge et au divin enfant ; le cochon, premier attribut de saint Antoine (le dédicataire du retable) est absent. La liste est longue des incongruités non élucidées. D'où viennent cette liberté d'invention formelle, cette fantaisie grimaçante, cette amplitude de composition ?

Dès le seuil de la salle du musée Unterlinden de Colmar, une plaque de

**1 - Joris-Karl Huysmans, *Les Grünewald du musée de Colmar* [1905], Paris/Colmar, Réunion des musées nationaux-Grand Palais/Musée Unterlinden, 2018, p. 29.**

plexiglas et un échafaudage sont interposés, à mi-hauteur, devant l'œuvre. Dernier jour d'un long chantier de restauration, dernières touches avant de ranger le matériel. À l'heure de clore trois ans et demi de travail, l'équipe ne perd rien de son calme, sous l'œil attentionné d'Anthony Pontabry, directeur du chantier et quarante-cinq ans d'expérience à son actif. Trois des restauratrices sont encore à l'œuvre, pinceau à la main et lunettes de précision sur le nez. La conservatrice en chef et directrice du musée depuis 2004, Pantxika de Paepe, connaît l'œuvre comme personne, son histoire, ses secrets de fabrication et ses multiples interprétations. Chacun scrute à nouveau, concentré, les panneaux, de près, de loin, de face, de côté. Toute hésitation interrompt les gestes : on les questionne, on se concerte. Faut-il aller plus loin dans la restitution des couleurs de ce cadre ? Quelque chose cloche encore dans ce petit triangle vert, mais quoi ? L'ensemble visuel est-il bien équilibré ?

Depuis 2013, l'enquête a mis de côté les lacunes documentaires pour reprendre en main les pièces à conviction, soit neuf panneaux peints à l'huile et une grande caisse sculptée, en bois de tilleul. Le polyptyque d'Issenheim (1512-1515) a traversé cinq siècles sans dommage matériel majeur. De facture technique irréprochable, il a résisté aux manipulations d'ouverture et fermeture des volets comme aux dégâts accidentels. Pourquoi risquer d'y toucher ? Une première intervention de nettoyage avait été stoppée en 2011, trop vite préparée. À l'issue de deux campagnes d'études réalisées par le Centre de recherche et de restauration des musées de France (2000-2004 et 2013-2014), sa lisibilité s'est avérée suffisamment altérée par les vernis successifs et quelques repeints pour imposer un travail d'allègement. D'autre part, les cadres et supports de bois, très peu étudiés jusqu'ici, avaient besoin d'être consolidés et appelaient un examen précis. Décision a donc été prise par un conseil scientifique pluridisciplinaire et international d'entreprendre une restauration de la structure d'encadrement et une restauration esthétique pour les surfaces peintes[2]. Depuis septembre 2018, le chantier s'est tenu *in situ* sous le regard des visiteurs.

Achevée en 1515, l'œuvre n'a quitté son lieu d'origine, l'église du couvent des Antonins d'Issenheim, qu'en 1793. Elle a trouvé ensuite sa place dans l'ancien couvent des Unterlinden, tout proche, transformé en musée dès 1853. Les dimensions, la structure complexe et l'iconographie manifestent l'évidence d'une intention, l'ambition d'une commande

**2 - Présentation et suivi de la restauration sur le site internet du ministère de la Culture.**

et les moyens financiers pour la réaliser. Ce couvent n'en manquait pas. L'ordre des Antonins a prospéré sur une épidémie ravageuse due à l'ergot de seigle, le « mal des ardents ». Les victimes y affluaient. Leurs symptômes provoquaient des souffrances terribles et spectaculaires. D'abord d'intenses brûlures internes puis des convulsions, parfois des hallucinations, puis encore des ulcères sur tout le corps, dégénérant bientôt en gangrène aux extrémités des membres. Sous la protection de saint Antoine, les moines s'étaient fait une spécialité d'apothicaires et chirurgiens pour apaiser, soigner, amputer et, parfois, sauver les malheureux. Alors, ils étaient prêts à faire donation de tous leurs biens en échange de l'asile et de l'accès aux soins.

Les tableaux du retable dépeignent successivement trois grands sujets : le supplice du Christ (premier triptyque), l'Incarnation et la Résurrection (deuxième triptyque), enfin saint Antoine, figuré en lutte acharnée avec les démons et retiré dans le désert avec saint Paul (troisième triptyque). La promesse de guérison s'annonce comme un chemin de pénitence. Le Salut se conquiert, l'intercession de la Vierge et de saint Antoine se mérite. L'hospice des moines offre un refuge exigeant et le ton du retable y répond. Car tout malade cache un pécheur et la punition divine plane sur le « feu de saint Antoine ». Voilà les fidèles avertis : tout n'est pas perdu, rien n'est gagné.

L'effet coup de poing des peintures n'a pas d'équivalent. Cathartique, le parti pris est bien loin du réconfort ou de la consolation. On connaît de nombreuses œuvres contemporaines à caractère prophylactique, dédiées à saint Roch et à saint Sébastien, comme protecteurs de la peste. Leur empathie ne fait aucun doute pour les fidèles. Ici, au contraire, l'expérience visuelle commence par une *Crucifixion* convulsive et gigantesque (269 cm de hauteur, 307 cm de largeur). La mort y prend par surprise, à la gorge. Otto Dix témoigne en 1963 : *« Les souffrances du Christ, on peut se les faire raconter dans la Bible* [...] *mais en fait, il faut les vivre soi-même*[3]. *»* Grünewald ne nous épargne aucun détail. Le corps du Christ s'affiche couvert de plaies d'épines, doigts tordus de douleur, muscles contractés. Son dernier souffle reste indéfiniment suspendu, dans un espace étiré tout en largeur et lugubre.

Paradoxalement, la majesté de la composition (comme celle des suivantes) prodigue l'horreur comme l'apaisement. Hyperréalisme et expressivité gestuelle dégagent une dignité puissamment salvatrice. De

3 - Cité dans Frédérique Goerig-Hergott (sous la dir. de), *Otto Dix et le Retable d'Issenheim*, Paris/Colmar, Hazan/Musée Unterlinden, 2016.

nombreux artistes ont recouru à cette force unique en son genre, en particulier les Modernes, hantés par les deux guerres mondiales (Otto Dix, Max Beckmann, George Grosz puis Pablo Picasso, Francis Bacon, Willem de Kooning, Mark Rothko…).

La restauration qui vient de s'achever renouvelle la vision de chaque scène et son effet atemporel. Ce que d'infimes interventions manuelles ont été capables de mettre à jour est à peine croyable. Deux retables en particulier, les plus contrastés l'un par rapport à l'autre, marqueront désormais autrement les visiteurs. La *Crucifixion*, d'abord, a retrouvé son arrière-plan et, avec lui, une immense profondeur de champ. Un repeint au badigeon avait complètement obscurci le ciel et le paysage. À l'époque, il s'agissait de couvrir l'émergence en surface de la préparation sous-jacente et de « réparer » les réactions chimiques entre pigments et vernis précédents qui avaient dénaturé les verts. Nettoyage et restitution chromatique ont été particulièrement délicats et fastidieux, fibre par fibre. Mais les couleurs ainsi révélées mettent à jour de nouvelles subtilités de détails et d'ensemble. L'unité de composition ressort sur ce fond, entre la Croix centrale, les corps renversés à gauche de la Vierge, Marie-Madeleine et saint Jean, et le grand saint Baptiste à droite.

Mais c'est sans doute dans le triptyque de la Vierge, moins célèbre, que la perception de l'œuvre s'est le plus transformée. Les différences de mains et leur inégalité y restent déconcertantes. Mais les couleurs retrouvées insufflent toute leur énergie aux trois scènes de l'*Annonciation*, de la *Nativité* et de la *Résurrection*. Les rouges et jaunes vifs alternent avec des dégradés acidulés, une audace spécifique du maître. Dans ces tonalités insolites s'est révélée une luminosité plus irréelle encore qu'auparavant. L'intensité sonore du *Concert des anges*, placé au centre, est montée d'un cran. Le Ressuscité, triomphal, plane au-dessus des gardes endormis et d'un paysage remis à jour. Des détails minutieux sont réapparus : ils fourmillent dans les architectures, les bordures de tissu, et jusque sur les cadres de bois dont s'étaient perdus les marbres feints, veinés et polychromes. Après restauration, nervosité des lignes et vigueur des couleurs restituent au *Concert des anges* sa juste place, au cœur du retable. Ce triptyque s'ouvrait en effet derrière celui de la *Crucifixion* à l'occasion des fêtes liturgiques. Ici a lieu le miracle qui délivre du cauchemar, de l'Incarnation à la Résurrection. Les réjouissances de la Rédemption ne sont peut-être pas de ce monde, mais elles donnent un sens à toutes les souffrances d'ici-bas.

Les images scientifiques et les analyses de pigments montraient ce qui était devenu invisible à l'œil nu. Elles avaient scrupuleusement balisé le travail et préparé l'équipe à ce qui l'attendait. Encore fallait-il réussir l'opération à cœur ouvert. Au fil des jours et des semaines, les résultats n'ont cessé d'étonner ses acteurs eux-mêmes, tant ils modifiaient la perception de l'œuvre. L'aventure n'est d'ailleurs pas terminée, puisque le travail sur la partie sculptée, dirigé cette fois par Juliette Lévy, est encore en cours. Elle présente saint Antoine entouré de saint Augustin et de saint Jérôme et aurait été livrée par Nicolas de Haguenau plus de dix ans avant les peintures du retable. Mais les similitudes techniques semblent indiquer une collaboration directe entre les deux ateliers du sculpteur et du peintre. Sera-t-elle confirmée et précisée ?

Revivre l'expérience sensible de l'œuvre relance la curiosité d'en savoir plus pour les chercheurs. Elle rouvre et décale des points de vue explorés jusqu'ici. En attendant leurs prochains résultats, c'est déjà à tous les regards que s'offre le chef-d'œuvre du musée de Colmar et il n'est pas près d'épuiser leur fascination.

## Recensions

# Politique de l'activisme
## Essai sur les mouvements citoyens

***Albert Ogien***
Presses universitaires de France, 2021, 224 p., 16 €

L'irruption spontanée des citoyens dans la vie politique, se rappelant aux bons souvenirs de leurs gouvernants avec plus ou moins de succès, est devenue un phénomène contemporain et global : des marches pour le climat aux printemps arabes, en passant par les manifestations en Biélorussie et à Hong Kong.

Dans son dernier essai, le sociologue Abert Ogien, connu entre autres pour ses ouvrages sur la démocratie coécrits avec Sandra Laugier[1], *« entend analyser les conditions de l'implication directe des citoyens ordinaires dans le champ de la politique. Il s'intéresse à cette forme moderne d'activisme qui se constitue dans la défense d'une cause particulière et dont la première tâche consiste à imposer la légitimité des raisons qui justifient leur mobilisation en faveur de cette cause contre les dénégations et les rebuffades qu'elle doit affronter »*. Pour ce faire, cet activisme met en place de nouvelles modalités d'actions collectives, parfois plus théâtrales dans leurs manifestations, et investit également le système représentatif lors des élections, avec la constitution de listes citoyennes par exemple. Albert Ogien qualifie cet activisme de *« sauvage »*, en empruntant le terme à Claude Lefort, puisqu'il *« ne se soucie d'aucune des normes en vigueur dans la politique professionnelle »*. L'une des cibles de cet activisme est notamment la démocratie représentative et ses représentants, à qui il rappelle leurs obligations et/ou à qui il enjoint de ne pas négliger les intérêts et aspirations du plus grand nombre. Faut-il voir dans ces manifestations un *« feu de paille »* ou des *« flambées de liberté passagères »* ? Au contraire, le sociologue défend l'hypothèse de l'avènement d'un nouvel ordre politique contestant la séparation entre représentants et représentés. Les implications de cette idée sont étudiées au fil de son livre avec une attention particulière portée au rôle de la rue dans ce processus.

1 - Voir Sandra Laugier et Abert Ogien, *Le Principe démocratie. Enquête sur les nouvelles formes du politique*, Paris, La Découverte, 2014 et *Antidémocratie*, Paris, La Découverte, 2017.

Pour Albert Ogien, loin d'être violente, la rue est devenue le lieu d'une parole politique. Or il est souvent reproché à celle-ci d'être volatile, de manquer de cohérence, de ne pas disposer de représentants aptes à négocier avec le pouvoir en place pour obtenir satisfaction. Pourtant, *« cet activisme est en train de se façonner une politique »*, non sans susciter rejet ou méfiance de la part des pouvoirs institués. Ces résistances sont aussi internes à ces mouvements ; c'est sur ces dernières que le sociologue préfère se concentrer. Il envisage une série de questions pratiques pour ces mouvements : comment être pris au sérieux lorsque l'on n'est pas constitué en parti ? Comment conserver une certaine stabilité sans direction ni idéologie ? Comment ne pas trahir, à la longue, les valeurs d'horizontalité et de liberté qui président le plus souvent à la naissance d'un mouvement ? Enfin, comment faire de la politique sans se professionnaliser ou devoir personnaliser des idées ? Ces questions, certaines anciennes, s'inscrivent en tout cas dans une dynamique de radicalisation de la démocratie.

Dans son propos, Albert Ogien vise à dépasser l'antagonisme entre le « peuple » et les « élites », sans idéaliser pour autant l'activisme. Il adopte pour cela une conception ouverte de la politique qui ne se résume pas à la seule représentation et à des questions de pouvoir. De même, il souligne que la vigueur de l'activisme contemporain témoigne de *« faits »* réels liés à l'insatisfaction et à la non-résolution d'un grand nombre de problèmes (économiques, environnementaux, sociaux, etc.) par les représentants actuels, et non d'une quelconque lassitude pour la forme démocratique.

Albert Ogien fait plusieurs propositions théoriques afin de saisir la nature de l'activisme contemporain, son originalité et sa capacité à renouveler nos démocraties. Il suggère ainsi d'abandonner le vocable « société civile » et de parler de *« pratiques politiques autonomes »* pour refléter les diverses modalités d'engagement des citoyens dans la société. Au sein de ces modalités, il isole les pratiques composant l'activisme *« qui visent à investir le champ de la politique pour jouer un rôle actif dans la détermination des choix faits pour le bien commun »*. Il se penche ainsi sur la *« légitimité de la rue »* qui ne cherche plus tant à renverser un système de manière violente qu'à exiger de manière pacifique la prise en compte par les gouvernements de demandes pressantes, la rue engrangeant souvent en retour le soutien de la majorité de la population. L'un des ingrédients de sa légitimité est notamment sa capacité à contenir sa violence.

L'activisme se distingue également du militantisme dans son fonctionnement même : préférence pour la désobéissance civile, qui s'écarte de fait de sa définition canonique, liberté de l'engagement et absence – le plus souvent – d'ancrage idéologique. Ce faisant, la vigueur de l'activisme amène à relativiser les jugements de « dépolitisation », qui s'attardent davantage sur ses potentielles manifestations – une désaffection pour le système représentatif marquée par l'abstention – que sur ses causes profondes : dégoût de certaines pratiques politiques, impuissance proclamée des dirigeants, oubli du bien commun. Autrement dit, le constat de dépolitisation ne vaut que si l'on s'arrête à la seule démocratie représentative, appréhendée dans sa forme classique (structuration par les affiliations partisanes, par exemple). Ces nouvelles mobilisations reposent notamment sur *« la revendication d'égalité des opinions »* qui bat en brèche un certain monopole du politique.

Plus loin, Albert Ogien analyse de façon détaillée la montée en puissance et la participation au gouvernement italien du Mouvement 5 étoiles, livrant une image tout autre de ce phénomène politique. Cette irruption d'amateurs en politique a certes posé des problèmes, mais elle est source de leçons pour d'autres aventures de ce type à venir, comme la question des alliances à nouer avec des partis installés, l'accusation d'incompétence, la validation des politiques par les membres du mouvement (*via* la plateforme consultative Rousseau). De fait, il s'agit d'un *« modèle d'organisation qui fait de l'exigence de démocratie sa règle absolue »*. Une potentielle alternative aux partis actuels ? Albert Ogien nous invite à prendre garde à ne pas les confondre avec le « populisme », qui sert parfois à désigner ces mouvements du fait des implications trop « radicales » des programmes de ces partis d'un nouveau genre. Concernant l'activisme, le terme de populisme est utilisé de façon péjorative et paternaliste.

Paradoxalement, la revendication d'égalité entre ses membres, qui explique son attractivité, peut être un frein à sa réussite. Néanmoins, le ménagement d'espaces pour la concertation octroyé par la démocratie représentative souligne que cette exigence commence à être prise en compte (ce que le sociologue qualifie de *« conditions épistémiques d'exercice de la citoyenneté »*). Albert Ogien identifie trois défis pour l'activisme : celui de la présomption d'incompétence des citoyens ordinaires dans le domaine politique ; l'absence *« d'un cadre idéologique convaincant »* à même de justifier un engagement pour un changement radical d'ordre social ; la *« difficulté matérielle que les populations ont à maintenir une vigilance intransigeante sur l'action de leurs gouvernements »*. Malgré ces difficultés, *« la reconfiguration de l'ordre du politique progresse »* avec la naissance de nouvelles formes d'intelligence et de décision collectives, la mise en avant du combat pour la justice – qui prend le pas sur celui de l'égalité – et l'intervention croissante de citoyens ordinaires dans la politique – dans la continuité d'un modèle « républicain » de contre-pouvoirs, conceptualisé par Philip Pettit[2].

Dans sa conclusion, Albert Ogien revient sur les deux chantiers de la politique de l'activisme : le premier est l'exercice d'une *« vigilance permanente »* sur les choix et les conduites des dirigeants auxquels des mandats sont confiés et qui négligent les grands problèmes du moment. Il rappelle au passage cette leçon de l'histoire : *« La démocratie, c'est les urnes plus la rue. »* Le second défi est celui de *« la récupération de la politique par les citoyens »*, *via* l'investissement de la politique représentative et la remise en cause des partis traditionnels. Car l'activisme a compris que les urnes étaient un outil – avec d'autres – pour peser sur les décisions et *« rééquilibrer le rapport devenu trop asymétrique entre gouvernants et gouvernés »*. En effet, et c'est un autre enseignement de ces mobilisations : *« Les citoyens ne restent jamais inertes face à des pouvoirs qui les ignorent ou les méprisent. »*

À la suite des taux d'absention records des dernières élections et à défaut d'être complètement réconfortant, l'essai d'Albert Ogien a le mérite de relativiser les discours relatifs à la dépolitisation : il met en lumière le déplacement de la politique vers d'autres lieux, ses nouveaux registres d'actions et ses capacités de régénération, démocratie représentative comprise. Il pose des questions fondamentales, auxquelles il aurait pu ajouter celles de l'engagement dans la durée et en termes d'intensité. De même, on aurait aimé en savoir davantage sur la sociologie de ces activistes (Qui sont-ils ? Quels sont leurs différents « capitaux », pour reprendre le vocabulaire sociologique ?). Enfin, existe-t-il des phénomènes de vases communicants entre les déçus de la politique représentative (abstentionnistes, anciens militants, jeunes, etc.) et ces nouveaux activistes ? Mais le propos de cet essai est finalement plus pratique et nous invite surtout à envisager l'activisme comme la continuation de la politique par d'autres moyens.

**Benjamin Caraco**

**2 - Voir Philip Pettit, *Républicanisme. Une théorie de la liberté et du gouvernement*, trad. par Patrick Savidan et Jean-Fabien Spitz, Paris, Gallimard, 2004.**

# Simples militants

## Comment les partis démobilisent les classes populaires

***Raphaël Challier***

Presses universitaires de France, 2021, 384 p., 21 €

On sait la désaffection des classes populaires vis-à-vis de la politique, notamment par rapport au vote, et que celles-ci ne votent pas de la même façon que les classes supérieures. On sait moins la façon dont cette attitude peut affecter l'engagement militant des classes populaires, et les reléguer à la marge des partis organisés, parce qu'elles ne correspondent pas à la façon dont les partis veulent se présenter et n'ont pas les codes de la politique institutionnelle. Raphaël Challier montre ainsi comment les hiérarchies sociales se maintiennent dans les organisations politiques, et ce au travers d'une relégation des militants d'origine populaire à des tâches subalternes, de collage d'affiche ou de recrutement dans leur propre milieu, loin des enjeux de pouvoir des instances centrales. Ceux-ci tentent en retour d'affirmer la valeur de leur identité et de leurs façons de faire face au rejet dont elles peuvent faire l'objet. Il s'agit donc d'étudier la manière dont les tensions sociales, voire les luttes de classe, existent dans les partis politiques.

L'auteur prend trois exemples : les militants de l'Union pour un mouvement populaire (UMP) en banlieue parisienne de gauche en voie de gentrification (Granin), les militants du Rassemblement national (RN) dans un bourg lorrain, et les membres d'un groupe local des Jeunesses communistes (JC) à Vigny, également en banlieue parisienne. Comment un militantisme populaire peut-il se maintenir dans un parti censé rassembler les classes aisées comme l'UMP ? Le groupe étudié par R. Challier rassemble en fait des bourgeois voulant faire carrière en politique, des élites économiques comme des petits patrons, des conservateurs, mais aussi des classes populaires qui, pour conjurer le risque du déclassement, veulent affirmer leur respectabilité en fréquentant des personnes mieux situées qu'elles dans la hiérarchie sociale. Ainsi, l'UMP mobilise davantage auprès des milieux populaires qui aspirent à faire partie des élites économiques ou ont un rapport de déférence vis-à-vis de leurs valeurs. À l'inverse, le RN constitue une forme d'engagement moins radicale que ce qu'on pourrait imaginer, rassemblant certes des ouvriers en quête de radicalité et voulant conjurer la concurrence sociale d'en bas, mais aussi des membres des classes moyennes voulant obtenir au travers de la politique une ascension sociale et, parallèlement, des personnes plus précaires souhaitant acquérir par leur engagement politique une forme de respectabilité. Enfin, l'étude de la section JC de Vigny montre que le Parti communiste français est loin de s'être entièrement embourgeoisé : son recrutement rassemble davantage des étudiants d'origine populaire et immigrée, ce qui crée par ailleurs des écarts en matière de culture et de pratiques sociales (dans le rapport aux minorités sexuelles ou à la consommation de viande, par exemple).

Dans ces trois cas, l'auteur analyse les diverses façons dont les hiérarchies sociales se maintiennent. Chez les militants UMP, le rapport légitimiste aux codes sociaux des militants populaires facilite leur maintien à distance, justifié par des compétences, des diplômes, etc. De plus, vu que l'UMP n'est pas un parti de masse mais davantage un parti actif au moment des élections et inactif par ailleurs, cela facilite la mise à distance ou le maintien à des places subordonnées de ces militants. Dans le cas du RN, la chose est moins aisée, puisque le parti veut d'un côté se présenter comme celui des classes populaires, mais également se « dédiaboliser » et se donner une légitimité électorale, ce qui peut conduire à mettre de côté des militants plus populaires, ouvriers par exemple, parce que leur discours ne correspond pas à l'image que le parti veut donner de lui-même. Par ailleurs, le fonctionnement clanique de ce parti ne facilite pas leur intégration, ce qui ne manque pas de provoquer un certain nombre de désillusions. Enfin, dans le cas des JC de Vigny, la distanciation se fait davantage sur le mode d'un rapport au politique intellectualisé, différent de celui des classes populaires. Les militants de Vigny, adeptes d'une culture de masse proche de celle des jeunes populaires en général et d'un militantisme convivial qui aide à bien recruter, se retrouvent en porte-à-faux par rapport aux codes des membres des instances centrales du Parti, issus plus souvent des classes supérieures et de familles déjà ancrées dans un engagement politique, se rattachant toujours à la culture marxiste et léniniste.

Cependant, il y a une véritable participation politique des classes populaires, là où elles peuvent investir leur relation propre au politique. C'est une façon de faire de la politique plus proche des enjeux concrets pour la vie des individus, plus liée à l'espace proche de la vie (du fait de leur moindre mobilité spatiale), sceptique par rapport aux dirigeants et aux luttes au sommet des organisations, et plus exigeante d'un point de vue éthique que l'optique stratégique des élus.

D'ailleurs, cette exclusion des classes populaires varie : forte à l'UMP, elle le sera moins dans les JC, compte tenu de leur discours plus social et de leurs efforts pour attirer des jeunes défavorisés, même si les différences d'habitus produisent inévitablement un éloignement des militants plus populaires. Le RN oscille davantage entre une défense conservatrice des hiérarchies « naturelles », propre à maintenir éloignés les militants les moins dotés en ressources sociales et économiques, et un discours antisystème qui rallie les classes populaires. En revanche, les luttes des classes au sein des partis peuvent générer de l'instabilité et la désaffection des militants.

Autrement dit, l'éloignement des classes populaires par rapport à la politique n'est pas une fatalité, mais bien le résultat de pratiques contingentes, face auxquelles on peut imaginer d'autres façons de faire. Tel est le mérite de cet ouvrage : nous faire réfléchir sur le fait que c'est à la racine, dans leur façon même de faire de la politique et de lutter pour des postes électoraux, que les partis favorisent la désaffection des classes populaires. Une voie d'approfondissement consisterait à déployer une socio-histoire des luttes des classes dans les partis[1]. Une autre, à retracer le renouvellement du rapport populaire au politique et à voir dans quelle mesure le clivage « identitaire », dont on dit qu'il existe dans les classes populaires aujourd'hui, se retrouve dans l'engagement politique de celles-ci, ce qui peut avoir une importance, par exemple, pour la capacité de la gauche à constituer une force politique décisive dans les prochaines années.

**Xenophon Tenezakis**

1 - Voir Julian Mischi, *Le Parti des communistes. Histoire du Parti communiste français de 1920 à nos jours*, Marseille, Hors d'atteinte, 2020.

# L'ambivalence politique de l'islam

## Pasteur ou Léviathan ?

***Anoush Ganjipour***

Seuil, 2021, 392 p., 24 €

L'ouvrage traite de la spécificité théologico-politique de l'islam. Or cette religion est aujourd'hui l'objet de nombreux discours dont l'inflation correspond notamment à l'incapacité, apparente ou avérée, des instruments modernes à gouverner l'expression de ce phénomène. C'est tout particulièrement le cas en France. Rémi Brague avait déjà souligné à quel point la laïcité, comme moyen d'action de l'État, avait été conçue et rendue possible en vertu d'un certain rapport préexistant de la communauté politique aux Églises chrétiennes, et qu'il était donc malaisé d'en faire un instrument applicable aux « religions », comme si celles-ci représentaient, face à l'État neutre, indépendamment de leur contenu, un ensemble d'opinions de même type, à disposition de l'individu libre de choisir ses croyances[1]. L'espoir, certes louable, qui gouverne cette interprétation typiquement moderne du fait religieux à l'aune du seul sujet repose en définitive sur l'occultation du problème théologico-politique.

Pour le résumer de manière sommaire, l'État libéral devait, dans le cas du christianisme, se doter des instruments susceptibles de gouverner une religion dont il était familier. Ces instruments pouvaient être à la fois efficaces et neutres parce que l'État n'avait pour ainsi dire pas besoin de distinguer des autres cette religion dont il était familier et dont il voulait seulement se séparer. Comme le précise Pierre Manent, le problème que pose l'islam est tout autre[2]. L'État se trouve cette fois-ci confronté à la difficulté de gouverner une religion qu'il ne connaît pas et qu'il lui faut trouver le moyen d'associer à la communauté nationale. Ou, plus précisément, ce gouvernement doit continuer à être inefficace et contre-productif aussi longtemps que l'État s'obstine, au nom de sa neutralité, à ignorer la spécificité théologico-politique de l'islam. On ne saurait effectivement déterminer le rapport que nous voulons avec cette religion en se contentant, dans un cas, de la doter, de l'extérieur, de ce qui lui manquerait pour être *« une Église comme les autres »* et, dans l'autre, d'espérer qu'émergent d'elles-mêmes les conditions de son existence en régime de pluralisme et de liberté. En se gouvernant elle-même, la société libérale interagit et parfois heurte l'islam, elle le gouverne ou tâche de le faire, mais ne peut prétendre agir avec discernement sans s'informer avec honnêteté de ce qui lui est spécifique. C'est une telle connaissance que se propose de fournir le livre d'Anoush Ganjipour.

L'auteur parcourt avec rigueur toute l'histoire des controverses théologiques, de l'Antiquité tardive à nos jours, afin d'éclairer cette spécificité théologico-politique de l'islam. On peut retenir de cette longue période deux moments cruciaux, celui de la fondation et celui de la modernisation, qui sont aussi deux rencontres, celle du gouvernement pastoral avec le modèle de souveraineté politique hérité de la pensée grecque et romaine, et celle de l'islam né de cette première rencontre avec l'État moderne.

**1 - Voir Rémi Brague, *La Loi de Dieu. Histoire philosophique d'une alliance*, Paris, Gallimard, 2005 et *Le Règne de l'homme. Genèse et échec du projet moderne*, Paris, Gallimard, 2015.**

**2 - Voir Pierre Manent, *Situation de la France*, Paris, Desclée de Brouwer, 2015.**

Anoush Ganjipour interprète ces deux moments à l'aune d'une ambivalence originelle de la révélation islamique, qui se manifesterait dans l'opposition inépuisable entre deux paradigmes, le monarchique et le pastoral, et deux formes de gouvernement, le califat et l'imamat. Ce faisant, l'islam absorberait comme une tension interne ce qui se présente à nous sous la forme de l'opposition externe entre judaïsme et christianisme. Ce judéo-christianisme se donnerait pour mission de maintenir la pratique de la loi et la croyance en celui qui vient annuler la loi. Il mobiliserait donc constamment la révélation comme obéissance commune et inconditionnelle à la monarchie divine sous la forme du commandement, et la révélation comme amitié divine, comme conduite particulière s'adressant à tous parce qu'elle s'adresse à chacun.

Cette ambivalence, que résument sommairement les termes de loi et de foi, débouche sur un problème théologico-politique dans la mesure où ni le calife ni l'imam ne seraient en mesure de se dégager complètement du paradigme opposé, afin de fonder de manière incontestable leur autorité. Alors que le gouvernement califal s'installe sur le fondement de la loi dans l'ajournement du moment messianique au terme d'une longue histoire encore à venir, l'islam ésotérique ou gnostique confie à l'imam une faculté de guider qui le place dans une proximité immédiate avec ce moment hors de l'histoire, *« guidance »* qui fonde une autorité pastorale sans laquelle la loi elle-même ne saurait être qu'une lettre vide de sens. Mais d'un côté comme de l'autre, le pouvoir temporel du calife ne peut totalement faire l'économie d'une légitimité messianique, tandis que l'autorité spirituelle de l'imam s'articule, serait-ce négativement par sa propre dépolitisation, à un pouvoir temporel.

Dans la présentation de ces tensions, l'auteur insiste constamment sur la façon dont ces différents concepts se recouvrent, conservent jusqu'au bout leur ambivalence, résistant ainsi à toute présentation schématique qui consisterait, par exemple, à mobiliser l'opposition commode mais trompeuse entre sunnisme et chiisme. Il faut donc saluer l'extraordinaire effort qui préside à cette présentation de débats théologiques lointains et complexes, et d'autant plus regretter qu'aucun exemple ne vienne illustrer les nuances dont il cherche à délier le nœud. Interprétés tout au long du livre dans leur rapport à la loi, on cherche en vain une description de ce que serait, dans le cas de chaque paradigme, un commandement « monarchiquement » ou « pastoralement » mis en œuvre.

Ces débats qui avaient jusqu'alors suivi le développement et la consolidation d'un gouvernement musulman de type impérial rencontrent les idées modernes au travers de l'impérialisme occidental. Loin de se résumer à la confrontation aveugle entre une religion médiévale ou tardo-antique et des États modernes, entre des structures anachroniques et incapables de communiquer, la rencontre de l'islam avec les idées modernes prend immédiatement, selon Anoush Ganjipour, la forme d'un processus de traduction dont l'objectif est de faire de l'islam la religion de la modernité, alors même que celle-ci exerce sa force pratique aux dépens des États musulmans. C'est dans ce second moment, indissociable du premier, que l'islam devient une question pour les Modernes. Quelle est cette question que pose l'islam aux Modernes et, plus particulièrement, à cette invention spécifiquement moderne qu'est l'État ?

D'un point de vue historique, la première interrogation de l'auteur est de savoir pourquoi, si l'État moderne est véritablement, comme le pense Foucault, la forme mondanisée du gouvernement pastoral, celui-ci n'est pas né en terre d'islam et plus particulièrement dans la sphère chiite qui, plus qu'aucune autre, a tâché de pousser à son terme ce paradigme pastoral ? Mais le véritable apport de l'analyse se situe dans un problème autrement plus important, par lequel Anoush Ganjipour noue de manière critique sa démarche avec celles d'Eric Voegelin, de Leo Strauss et de Carl Schmitt. Selon lui, l'islam politique n'est pas la défense politique d'une religion archaïque, mais la manifestation même de la modernisation de l'islam. L'islam politique exprime donc cette même ambivalence théologico-politique analysée par l'auteur au travers de l'histoire, cette fois-ci depuis l'espace de la conscience individuelle et collective privé de loi par l'État. La spécificité de l'islam, qui empêchait auparavant l'institutionnalisation de l'autorité religieuse, investit, en régime de modernité, le for intérieur de l'individu que l'État doit par nécessité laisser libre, faute de pouvoir le contraindre, pour lui proposer cette loi qui *« règle de l'intérieur des individus leur volonté et leur conduite »*. En se politisant de la sorte et par ce biais, il pose la question de savoir si la tâche du gouvernement des hommes peut s'épuiser dans la relation purement externe entre le souverain détenteur des moyens de contrainte et les individus détenteurs de droits.

Si l'islam déjoue ainsi l'appareil de l'État moderne, s'il ne se modernise, selon l'auteur, qu'en résistant à ce phénomène que serait la sécularisation typiquement moderne de la souveraineté politique, c'est parce qu'il s'obstine à poser le *« problème de l'ordre des choses humaines »* que cette souveraineté cherchait justement à occulter.

En ce sens, Anoush Ganjipour a raison d'affirmer, en reprenant la formule schmittienne, que l'islam est la figure de notre question. Il est en revanche permis de douter que l'examen de cette question ne fasse ressortir que des différences avec lesquelles la pensée politique n'aurait pour mission que de *jouer*.

**Alexis Carré**

## Le triomphe de l'injustice
### Richesse, évasion fiscale et démocratie

***Emmanuel Saez et Gabriel Zucman***
***Trad. de l'anglais par Cécile Deniard***
Seuil, 2020, 304 p., 22 €

Cet ouvrage, centré sur la question de l'injustice fiscale dans l'économie américaine, réussit à combiner trois préoccupations. Il intègre les recherches académiques les plus récentes, exploite un siècle de données statistiques sur les prélèvements des différents groupes sociaux et confronte hypothèses scientifiques et diverses sources. Parallèlement, il est abordable, multiplie les exemples concrets et explicite les concepts utilisés. Enfin, il formule des propositions, reprises partiellement par la gauche du Parti démocrate lors de la primaire à l'élection américaine de 2020.

L'analyse de l'ensemble des prélèvements fiscaux et parafiscaux des Américains souligne les nombreux revirements qu'a connus la fiscalité aux États-Unis depuis le XVIIe siècle : guerre de Sécession, abolition de l'impôt sur le revenu en 1872, modification de la Constitution en 1913, taxation fortement progressive pendant la Première Guerre mondiale, crise de 1929, rupture des années 1980. Avant cette dernière date et pendant presque cinquante ans, le système d'imposition américain a été particulièrement progressif : le taux marginal d'impôt sur les revenus s'établissait en moyenne à 78 % (91 % entre 1951 et 1963) ; les prélèvements marginaux sur les successions atteignaient 80 % (entre 1941 et 1976) ; le taux d'impôt sur les sociétés tournait autour de 50 % (entre 1951 et 1978). Les mesures prises par les autorités publiques à partir de la décennie 1980 remettent en cause ce modèle : diminution du taux marginal supérieur sur les revenus et les successions ; baisse du taux d'impôt sur les bénéfices ; augmentation des exonérations fiscales ; taux réduit sur les dividendes ; acceptation de l'optimisation fiscale ; faiblesse des moyens de l'administration fiscale (face à des montages financiers complexes et en constante évolution).

Les conséquences sociales particulièrement négatives de cette politique fiscale sont explicitées. Les inégalités sociales triomphent : le centile le plus riche gagne 11 % du revenu national en 1980 et 20 % en 2018 ; les 50 % les plus pauvres obtiennent, pour les mêmes périodes, 20 et 12 % du revenu national. Cette politique donne du pouvoir aux plus aisés, qui influencent les politiques publiques, étouffent la concurrence et façonnent les idéologies. Elle risque d'amener les électeurs à tomber sous la coupe de politiciens protectionnistes et à remettre en cause la mondialisation.

Tout au long de leur ouvrage, les auteurs relient les choix fiscaux et l'environnement social, économique, politique et idéologique. Ils établissent que l'évolution des prélèvements depuis quarante ans a été facilitée par les croyances libérales, l'industrie de l'évasion fiscale, certaines théories économiques et l'absence de démocratie. Une idéologie antiétatique se développe au sein des élites à partir des années 1970 (la baisse du taux marginal sur le revenu en 1986, de 50 à 28 %, a été approuvée par 97 des 100 sénateurs). L'industrie de l'évasion fiscale se développe à partir des années 1980 (analystes financiers, avocats fiscalistes, paradis fiscaux, sociétés-écrans, montages financiers…). Pour la théorie de Laffer, la baisse des taux d'imposition engendre un accroissement des investissements, de l'innovation, du niveau d'emploi et des recettes fiscales. Les bouleversements fiscaux ne sont pas le fruit *« d'un débat citoyen bien informé. Le triomphe de l'injustice sociale est, d'abord et avant tout, un déni de démocratie »*.

Emmanuel Saez et Gabriel Zucman, professeurs d'économie à Berkeley, proposent un système fiscal radicalement différent, plus juste, efficace et applicable. La première mesure consiste à créer un impôt progressif sur les patrimoines et les revenus en adoptant des taux quasi confiscatoires pour les personnes les plus aisées. Leur objectif est de s'attaquer aux rentes, de réduire le revenu et le patrimoine des ultra-riches, de redistribuer le pouvoir économique, de favoriser la concurrence sur les marchés et de soutenir les idéaux démocratiques et méritocratiques.

Pour les deux économistes, l'État américain peut imposer la deuxième mesure, l'accroissement de l'impôt sur les sociétés, aux entreprises américaines et à celles qui vendent sur son territoire. Une entreprise américaine ne peut pas déroger à ce prélèvement : si elle délocalisait son siège social, elle continuerait à être considérée comme américaine sur le plan fiscal (sauf dans les rares cas où le contrôle du capital est significativement modifié par une fusion avec une entreprise étrangère). Quand une entreprise vend aux

États-Unis sans payer dans son pays un impôt sur les bénéfices suffisants, l'État américain peut l'obliger à verser une taxe, qui l'amènera à payer 25 % de ses bénéfices sur le chiffre d'affaires réalisé aux États-Unis.

Voulant construire et appliquer un projet fiscal cohérent, ils souhaitent remettre en cause les autres éléments structurants. Il est nécessaire d'instaurer une autorité rendant illicite toute transaction dont l'unique but est d'éluder l'impôt. Il faut également adopter des mesures de rétorsion envers les paradis fiscaux et intégrer dans tous les traités des obligations fiscales. Les impôts régressifs (comme les primes d'assurance santé privée, la taxe réduite sur les dividendes) doivent être remplacés par un impôt sur le revenu national, qui aura un taux unique et portera sur l'ensemble des revenus. L'une de leurs conclusions est que ce nouveau système, fondé sur quatre impôts (revenus, patrimoines, sociétés, revenu national) permet de financer l'État social, d'améliorer la situation des classes populaires et moyennes (notamment pour la santé et l'éducation) et de favoriser la croissance (par une meilleure productivité). Par exemple, doubler le taux concernant les 0,001 % des plus hauts revenus *« générerait, toutes choses égales par ailleurs, plus de 100 milliards de rentrées fiscales supplémentaires chaque année, soit une somme suffisante pour augmenter de 800 dollars le revenu après impôts de chaque adulte des classes populaires »*.

Saez et Zucman affirment que leurs propositions, précises et opérationnelles, doivent être discutées démocratiquement et qu'une profonde réforme fiscale peut être approuvée lors des élections. Dans la version américaine, un site internet favorise le débat en permettant à chacun de simuler un système fiscal alternatif (possibilité de supprimer et de créer des impôts, d'affecter un taux effectif pour chaque catégorie sociale, etc.). Parallèlement, ils préconisent une alliance entre les États-Unis et l'Europe (où sont domiciliées la moitié des multinationales) et souhaitent améliorer les propositions de l'Organisation de coopération et de développement économiques pour limiter la manipulation des prix de transfert.

Dans la préface à l'édition française, ils soulignent que les politiques fiscales menées en France depuis les années 1980 suivent la voie américaine, même si les inégalités fiscales et sociales sont moins prononcées : déclin de la progressivité des impôts, avantages donnés aux revenus du capital, suppression de l'impôt de solidarité sur la fortune, etc. Si plusieurs de leurs propositions sont applicables en France, deux d'entre elles ne le sont pas dans le cadre des traités européens actuels : l'État français ne peut faire payer les entreprises françaises si elles délocalisent leurs sièges sociaux ; les impôts indirects ne peuvent pas être décidés par un État seul et doivent être validés à l'unanimité par le Conseil européen (dans lequel siègent des paradis fiscaux).

Cet ouvrage donne une description très précise des politiques fiscales américaines, du XVII^e^ siècle à aujourd'hui. Il propose un système alternatif cohérent et complet. Quatre points mériteraient cependant d'être réexaminés. Leur projet paraît en partie inapplicable dans l'Union européenne. Les auteurs proposent une taxe qui annulerait les gains réalisés par une entreprise utilisant les paradis fiscaux, alors qu'une taxe punitive dégradant fortement ces entreprises serait plus adaptée. Ils déprécient l'impôt sur la consommation, qui est pourtant un moyen efficace pour mettre en œuvre des normes sociales, fiscales et environnementales (à condition de créer parallèlement une allocation privilégiant les plus défavorisés). Enfin, ils ne traitent pas des difficultés politiques liées à la mise en place de leurs propositions, qui engendrerait nécessairement de nombreux conflits au sein des États et sur le plan international.

**Éric Gilles**

# Fenêtre sur l'Iran

## Le cri d'un peuple bâillonné

***Mahnaz Shirali***
Les Pérégrines, 2021,
300 p., 20 €

Le dernier livre de Mahnaz Shirali, *Fenêtre sur l'Iran*, s'inscrit dans le sillage de son premier livre, *La Jeunesse iranienne : une génération en crise*, publié il y a tout juste vingt ans. Après avoir analysé l'islam en France dans *Entre islam et démocratie* (2007), et l'histoire du XX^e^ siècle iranien dans *La Malédiction du religieux* (2012), la sociologue exilée revient sur les jeunes d'Iran et prend la mesure du passage du temps et des générations. Elle renouvelle notre regard sur le pays « voilé » et ceux et celles qui ont vieilli, sans pouvoir vivre les temps insouciants de l'enfance.

Vingt ans après, l'enquête s'adapte au monde qu'elle étudie et aux conditions historico-technologiques de son objet. Dans ce pays où les chercheurs et les journalistes sont en prison, il n'y a pas d'autres moyens pour mener une recherche sociologique que d'ausculter les vibrations d'Internet. Mahnaz Shirali le fait avec virtuosité, et, en véritable épeire de la toile numérique, dresse un portrait de la société d'aujourd'hui, sans qu'un mouvement ni une onde ne lui échappent. Avec son style simple et rigoureux, elle décrit un peuple dépourvu de liberté et en mal de vivre : *« Depuis quarante ans, les intérêts nationaux ont été tellement sacrifiés sur l'autel des ambitions expansionnistes des ayatollahs que les Iraniens sont nombreux à considérer que leur pays est sous occupation »*. Mais sur le fond noir d'une société paralysée par la catastrophique gestion de ses dirigeants religieux, on découvre une jeunesse qui se bat pour la liberté et qui s'adresse à la communauté internationale pour se faire entendre, à défaut d'être entendue par les ayatollahs. Au milieu de ces cris de détresse, on voit pourtant surgir dans ces pages, physiquement, un peuple doté d'un très singulier sens de l'humour, capable de rire de ses malheurs tout en dénonçant courageusement ceux qui en sont responsables.

*Fenêtre sur l'Iran* lève aussi le voile sur la solitude des femmes qui ont du mal à obtenir le soutien des hommes dans leur combat acharné contre les lois islamiques et contre le patriarcat revitalisé par les ayatollahs. L'autrice décortique les mécanismes minutieux que ceux-ci ont mis en place pour dresser les uns contre les autres, pour créer des ségrégations sociales et des zones de non-droit, afin de mieux régner sur une société postrévolutionnaire.

La toile – Facebook, Twitter, Instagram, Snapchat, etc. –, avec son écran liquide, peut se rider tout à coup, s'affoler, monter à l'abordage puis retourner au calme. Elle peut, dans une crispation formidable, s'iriser pour dénoncer un crime d'État mais sans pour autant aller jusqu'à la dénonciation de la peine de mort, pas plus qu'au rejet de la patriarcalisation d'une société qui rend les femmes impuissantes – la loi islamique (la *sharia*) accordant tous les droits aux pères autant sur les femmes que sur leurs enfants : la *patria potestas*.

Page après page, l'autrice nous familiarise avec l'étrange monde des réseaux sociaux où, sous le règne du présentisme, le passé n'existe pas. Quant à l'avenir, il ne viendra jamais. Quelle mémoire pour cette *« foule psychologique »* – selon le mot de Gustave Le Bon que Mahnaz Shirali réemploie souvent à l'endroit du *« peuple des réseaux »* – quand les opinions varient comme les averses qui passent ? On peut être adulé un jour pour avoir posté un tweet ou une photo, et vilipendé un autre pour avoir osé dire un mot qui fâche. On ne peut nuancer, approximer, faire vivre dans le temps de l'histoire longue l'objet même de la détestation – auquel, comme à la *« Chose »* de Freud, on tient aussi.

Fidèle à la méthode d'observation participante, chère à Dominique Schnapper, dont elle fut l'élève attentive, Mahnaz Shirali se lance elle-même sur Internet – souvent par des tweets – où chacun sait reconnaître son style. Le défi qu'elle relève avec une grande maestria était de pouvoir être à la fois *« observée et observatrice, actrice et chercheuse »*. On découvre en même temps qu'elle l'écart *« stupéfiant »*, qu'elle reconnaît lui avoir longtemps échappé, entre son regard nuancé de sociologue et la radicalité de la plupart des opposants qui n'ont d'autre construction idéologique que leur haine du régime. Cet écart la rend l'objet de nombreuses attaques et d'insultes sur Internet et lui dévoile l'effet destructeur de quarante-trois ans de politique sociale répressive sur la société iranienne. Malgré les incompréhensions et en dépit de la violence qu'elle subit, l'autrice exprime sa joie d'avoir enfin l'occasion de travailler avec les jeunes de son pays.

Enfin, sans jamais abandonner la *« neutralité axiologique »* de Max Weber, Mahnaz Shirali reprend de façon très arendtienne les interrogations de Dominique Schnapper sur le *« principe abstrait de la citoyenneté »*, et s'interroge sur la nature des liens qui se tissent dans l'abstraction du virtuel. *« Si la citoyenneté est le lieu abstrait de la modernité politique »*, l'abstraction du virtuel, qui rend possible le débat politique, favoriserait-elle la formation d'une sorte de modernité politique ? Imprégnée de la sagesse théorique d'une certaine tradition sociologique française, elle conclut que, tout comme la citoyenneté qui est un principe abstrait avec des conséquences concrètes dans la vie réelle, les réseaux sociaux, désincarnés, abstraits à leur façon, permettent aux individus réels d'agir d'une manière concrète. Consciente de la dualité psychologique des internautes, auxquels est très justement dédié l'ouvrage, agissant tantôt comme une foule déchaînée, tantôt comme des individus isolés, l'autrice de *Fenêtre sur l'Iran* arrive à dessiner un portrait différent de la société iranienne où nous entendons la voix d'une majorité silencieuse qu'aucun média n'a jamais reflétée.

La méthode que la sociologue développe pour pénétrer au cœur d'une société inaccessible à la recherche prend le pas sur sa relation personnelle avec son objet d'étude en sorte que *Fenêtre sur l'Iran* devient un livre sur la sociologie, ses règles et ses principes. Est pleinement assumé *« le paradoxe des conséquences »*, comme dit encore Max Weber.

La France et l'Iran font parfois de très bons livres ensemble.

**François Ardeven**

# La guerre civile
## Histoire, philosophie, politique

***Guillaume Barrera***
Gallimard, 2021, 328 p., 22 €

Si le spectre de la guerre civile a tant hanté les philosophes, et resurgit encore aujourd'hui quand le conflit point au cœur d'une communauté politique, c'est que cette forme de guerre se distingue des autres par son effroyable capacité à *« diviser la vie commune »*. Guillaume Barrera retrace l'histoire de ce phénomène singulier qu'est le conflit intestin, inséparable d'un certain rapport à l'idée de justice dans la cité platonicienne, puis à l'idée d'universel quand la cité des hommes devient « la cité de Dieu », à l'entrée dans l'ère chrétienne. L'ouvrage analyse ensuite les différents visages de la guerre civile, qu'il s'agisse des séditions ayant troublé l'Empire romain, de la guerre d'Espagne, ou des divisions qui semblent échauder le monde arabe actuel.

De fait, quand Empédocle donne une place importante aux principes d'amour et de haine, l'on comprend à quel point la lutte intestine obéit à des règles proches de celles qui gouvernent le cœur humain. De même, le motif de la guerre civile permet de décrire ce qui se joue au gré des unions et des dissensions entre les membres d'une famille, ou entre les habitants d'une cité. Celle-ci unit en effet le dissemblable d'après Aristote, et voilà pourquoi les divers éléments qui la composent constituent un ensemble fragile, susceptible de se désunir dès que des intérêts divergents se présentent. Une regrettable désunion qui, si elle finit par se produire, risque d'aboutir à ce conflit fratricide dans lequel nombre de penseurs anciens ou modernes voient le pire des maux.

Après quelques chapitres sur Rome, sur la Florence de Machiavel et sur les royaumes de France et d'Angleterre, vient le moment d'aborder l'œuvre de Hobbes, lequel souhaite un chef capable d'imposer la paix civile. Pour le natif de Westport, la primauté du religieux sur le politique fait perdre au principe d'obéissance civile tout son ressort, et représente un danger structurel pour la paix. Une société apaisée requiert un pouvoir temporel fort. Le courant anglican paraît à cet égard la meilleure solution étant donné que, si cette confession implique que le pouvoir religieux doive cohabiter avec le prince, celui-ci dispose du statut suprême et donc d'un rang supérieur à celui du pouvoir religieux. Afin de conforter sa propre place, il s'agit pour le prince de susciter l'effroi auprès des citoyens, qui se sentent forcés de se ranger derrière lui.

Suit un excursus à travers la pensée libérale, Tocqueville, la guerre de Sécession, et les classes moyennes, lesquelles méritent notre attention dans la mesure où la présence d'une importante classe moyenne prévient le risque de guerre civile. Il faut en effet dans la société une classe qui représente une partie médiane entre les riches et les pauvres, mais cette condition nécessaire ne saurait suffire à garantir la paix civile. Outre ce critère, il convient donc que la classe moyenne satisfasse une certaine unité, sans quoi le manque de cohésion exposerait la société à une possible lutte intestine. Pourtant, le spectre du conflit intérieur ne cesserait de menacer cette paix précaire car, d'un moment à l'autre, la hiérarchie induite par l'accroissement de richesses chez certains citoyens suscite l'envie et l'affrontement.

Par la suite, le propos menant à la question sociale, à la Commune, à la guerre d'Espagne et à l'extension de la guerre civile à l'échelle mondiale, nous arrivons aux flammes qui embrasent le monde arabe actuel. Sur ce point, il faut discuter de l'*umma*, l'ensemble des musulmans dans le monde, car cette notion implique pour certains un bloc uni qui s'opposerait à l'Occident. Des régions richissimes et des déserts de pauvreté se côtoient en effet au sein du monde musulman, et dans cet univers où le dénuement le dispute à l'opulence, cette absence d'équilibre favorise en fait la partition. L'ouvrage de Guillaume Barrera s'achève sur l'enjeu du nomadisme, concluant un propos convaincant, passionnant et inédit avec cette histoire de la guerre civile, dans un style agréable et riche en références.

**Raphaël Pinault**

# Le spiritualisme français

***Jean-Louis Vieillard-Baron***

Éditions du Cerf, 2021, 584 p., 29 €

Combien savent encore, même dans la confrérie philosophique, ce qu'était *« le spiritualisme français »* du XIX^e^ siècle ? Le mot même, « spiritualisme », n'est pas de ceux qui font envie, même s'il a quelques affinités avec la « spiritualité » qui a, elle, plutôt le vent en poupe. Ce livre présente pourtant cette tradition philosophique oubliée – et pas seulement oubliée : méprisée au XX^e^ siècle –, celle des spiritualistes français du XIX^e^ siècle, considérés comme des auteurs secondaires par rapport aux grands noms français jusqu'au XVIII^e^ siècle inclus, et surtout allemands après le tournant de 1800. Jean-Louis Vieillard-Baron ne veut pas réparer, ce faisant, une lacune de l'histoire de la philosophie, peu démocratique en général, en proposant simplement une succession raisonnée de monographies de philosophes secondaires. Son récit passe certes par une galerie de portraits individuels, mais l'auteur aimerait aussi faire entrer le lecteur dans *« une forme de pensée rigoureuse et métaphysique »*, dans une *« expérience de liberté de l'esprit »*, partagée par des penseurs nombreux et divers. Les « spiritualistes » sont d'orientations variées : ils peuvent être très catholiques ou parfaitement laïques et anticléricaux, éclectiques ou centrés sur une question ultime bien délimitée, engagés politiquement et socialement ou voués à l'exploration des méandres de la conscience ou de l'essence personnelle de l'homme.

À quoi reconnaît-on un penseur spiritualiste ? J.-L. Vieillard-Baron distingue quatre traits majeurs : la visée de la transcendance, comme recherche philosophique de l'absolu mais hors de toute Église (le christianisme, oui – ou non –, mais l'Église, jamais) ; la *« compréhension métaphysique de l'esprit »*, qui le distingue de la matière ou de la nature ; la *« liberté spirituelle »*, présente dans la conscience humaine (l'idéalisme serait une philosophie du sujet, le spiritualisme une philosophie de la conscience) ; la *« notion d'âme »*, qui ouvre en réalité à un vaste monde *« spirituel »*, aux frontières mouvantes. Sans surprise, ils sont combattus par les positivistes et les scientistes, mais plus encore peut-être par des républicains et des socialistes (comme Proudhon ou Leroux) – alors qu'ils ne sont pas tous dépourvus d'engagements politiques et sociaux. Les critères relevés ne sont pas absolus ni partagés par tous, ou par tous au même degré et tout au long de leur vie ; du reste, tous sont loin de se dire « spiritualistes ».

C'est néanmoins sous cet angle que sont traités la naissance du spiritualisme durant les premières décennies du XIX^e^ siècle (9 chapitres) et son épanouissement pendant la seconde moitié du même siècle (11 chapitres), avant son apogée à la fin de la guerre de 1914 avec Henri Bergson, qui sort cependant du lot spiritualiste en ouvrant sur une pensée nouvelle. Cette impressionnante narration de l'aventure spiritualiste au XIX^e^ siècle déroule une kyrielle de noms, d'idées et de doctrines. Malgré le souci démocratique de l'auteur de rendre justice à tous, y compris aux *minores* parmi tous ces *minores* au regard des grands de la philosophie, il y a des noms qui se détachent : Maine de Biran, Ravaisson, Lachelier, Boutroux et quelques autres. J.-L. Vieillard-Baron a aussi tendance à ranger parmi les spiritualistes des hommes qu'on n'y mettrait pas spontanément, comme Michelet et Taine (considérés comme des *« historiens de l'esprit »*), ou un penseur *« républicain social »* comme Alfred Fouillée. Peut-être vaudrait-il alors mieux parler « des » spiritualismes français au XIXe siècle car, tout en conservant l'orientation métaphysique, ils se rattachent à des moments politiques et culturels différents (la Restauration, le romantisme, la révolution de 1848, le règne de Napoléon III…), cultivent des conceptions divergentes de l'esprit sous des influences philosophiques diverses (Descartes, Kant, Hegel…).

Mais le pari du livre est réussi. On peut même dire que c'est un livre qui fait un travail de mémoire nécessaire sur des penseurs qui n'étaient pas tous, loin de là, sans intérêt. Il faut reconnaître malgré tout, au regard de ce qui s'agite aujourd'hui en philosophie, qu'on ne voit pas bien comment ils pourraient reprendre pied dans la pensée contemporaine – à moins que les tenants des sciences dites cognitives trouvent dans leurs analyses de quoi alimenter des questions refoulées par leur discipline.

**Jean-Louis Schlegel**

# Le concept d'anomalie chez Georges Canguilhem

## Médecine et Résistance (1904-1945)

***Pierre-Frédéric Daled***

Classiques Garnier, 2021, 812 p., 30 €

Bien que méconnu du grand public, Georges Canguilhem (1904-1995) fut un maître célébré par toute une génération de philosophes, y compris par les plus grands. Selon Gilles Deleuze : *« Canguilhem a été très important pour toutes les générations qui sont passées par lui à partir de la mienne. »* Un maître donc, ancien élève de l'École normale supérieure (promotion 1924, celle d'Aron, Lagache, Nizan, Sartre), agrégé de philosophie, docteur en médecine, docteur en philosophie, résistant et professeur.

Contrairement à ce qu'indique le titre, l'ouvrage monumental de Pierre-Frédéric Daled ne couvre pas réellement les quarante premières années de la vie de Canguilhem. Les années de jeunesse et de formation expédiées, il ne commence réellement qu'au début de la carrière du professeur, grâce à des notes de cours retrouvées, qui montrent un Canguilhem déjà préoccupé par les questions de méthode. Ce n'est cependant qu'après avoir été nommé à la khâgne de Toulouse, en 1936, qu'il entreprit des études de médecine afin, déclara-t-il, d'acquérir des *« connaissances d'expérience »* qui lui paraissaient devoir compléter ses *« connaissances d'ordre livresque »*. Dès lors, l'étude de P.-F. Daled se concentre principalement sur la préparation et l'interprétation de la thèse de médecine consacrée au normal et au pathologique, soutenue en 1943, avec une grande parenthèse consacrée à l'action de Canguilhem pendant la Résistance (et quelques coups de patte pour remettre dans ses justes proportions l'image d'un Sartre résistant).

En 1941, Jean Cavaillès[1], en partance pour Paris, demanda à Canguilhem de le remplacer à la faculté des lettres de l'université de Strasbourg repliée à Clermont-Ferrand. Il s'agissait d'enseignement et tout autant de Résistance. C'est ainsi que le philosophe, apprenti médecin, devint simultanément l'adjoint du responsable du réseau Libération-Sud pour la région 4. Au moment des combats de la Libération, il intégra le maquis du Mont-Mouchet comme médecin et dut se replier avec ses malades dans des conditions très risquées, échappant lui-même par miracle à la mort. Il fut ensuite chef de cabinet du commissaire de la République à Clermont-Ferrand jusqu'en juillet 1945, avant de reprendre son enseignement, toujours à Clermont-Ferrand.

La thèse de médecine de Canguilhem est encore aujourd'hui une référence incontournable pour qui veut cerner le concept de « normal ». Parmi les nombreuses idées débattues par P.-F. Daled, on retiendra en premier lieu celle-ci : ce n'est pas la fréquence qui fait la norme, mais plutôt la norme qui fait la fréquence. Ainsi, *« la durée de vie moyenne n'est pas, selon les mots de Canguilhem, la durée de vie biologiquement normale, mais elle est en un sens la durée de vie socialement normative »*. Il ne s'agit pas ici à proprement parler d'un mécanisme « épigénétique » (le terme n'apparaît nulle part dans le livre), mais d'un phénomène social, la pratique de l'hygiène en l'occurrence, favorisant l'allongement de la durée de vie.

Autre idée qui mérite sans doute d'être soulignée : l'anormal n'est pas nécessairement pathologique, comme le montrent les yogis capables, rappelle Canguilhem, d'abolir *« l'autonomie relative »* de la vie végétative. De même ne considérera-t-on pas

**1 - Jean Cavaillès (1903-1944) est épistémologue, auteur d'une thèse sur la théorie des ensembles et d'un ouvrage sur les fondements des mathématiques, cofondateur du mouvement Libération et de l'hebdomadaire *Libération*, créateur du réseau de renseignement et de sabotage Cohors, exécuté par les Allemands. Voir Georges Canguilhem, *Vie et mort de Jean Cavaillès*, Paris, Allia, 1996.**

comme anormal – autre exemple cité par Canguilhem – que le cœur des rameurs au sommet de leur forme batte aux environs de quarante pulsations par minute contre soixante-dix en moyenne.

P.-F. Daled souligne une difficulté sur laquelle il est intéressant de conclure. Canguilhem semble pencher vers une conception optimiste de la vie conforme à la théorie de l'évolution : seront ainsi sélectionnées des normes dites *« propulsives »*, qui permettent une vie meilleure (plus longue, en meilleure santé). Cependant, si la norme est avant tout sociale, rien n'empêche de penser qu'elle puisse s'avérer objectivement néfaste, par exemple en favorisant la surcharge pondérale.

**Michel Herland**

## Emmanuel Mounier d'hier à aujourd'hui

### L'actualité d'une pensée

***Jacques Le Goff***

Presses universitaires de Rennes, 2021, 220 p., 20 €

L'ouvrage de Jacques Le Goff, fruit d'une série d'entretiens avec Jean-Yves Boudehen, sort de l'oubli la pensée du fondateur d'*Esprit*, Emmanuel Mounier[1]. Un oubli dû à l'usure du temps, mais aussi à des causes plus profondes : pour beaucoup, Emmanuel Mounier demeure un penseur chrétien, ce qui devrait d'emblée limiter la portée de son œuvre. Or, s'il fut effectivement un chrétien véritable, Mounier ne cessa d'affirmer la laïcité comme un absolu de sa pensée. De la même manière, quand, pendant la Seconde Guerre mondiale, il fit reparaître la revue *Esprit* ou participa à l'école d'Uriage – ce que les champions de l'anachronisme ont vu comme une adhésion à Vichy –, il démontra qu'il se situait à mille lieues de la collaboration, qu'il s'engageait au contraire au cœur de la mêlée, ce qui lui valut d'être emprisonné, puis libéré au terme d'une grève de la faim qui ne fut pas sans conséquences sur sa santé et son décès prématuré, à l'âge de 45 ans, en 1950.

Il est vrai que le personnalisme, cher à Mounier, peut prêter à confusion. Mais, derrière le mot qui paraît usé, se tient une double volonté. Tout d'abord, Mounier se refuse à l'esprit de système. Il préfère exposer sa pensée au risque de l'événement qui sera, selon ses mots, *« son maître intérieur »*, conduisant la revue en première ligne

1 - Il est à noter que les Presses universitaires de Rennes et l'Association des amis d'Emmanuel Mounier ont entrepris de rééditer ses œuvres complètes, sous la direction d'Yves Rouillière.

des combats de l'époque, pendant la guerre d'Espagne notamment. L'autre souci de Mounier est de sortir l'individu de son quant-à-soi, l'homme étant alors un être *sans*, et de promouvoir un être *pour*, qui constitue la clé du personnalisme. Il n'oppose pas individu et personne, mais s'attache à montrer la tension entre ces deux pôles.

L'homme est une tâche et non un donné. Le grand mérite du travail de Jacques Le Goff est de montrer combien cette œuvre demeure actuelle. Mounier sera proche du marxisme, non en tant que doctrine politique mais pour sa capacité à démonter les mécanismes de l'exploitation. Il fera de même avec la technique, en n'oubliant pas, contrairement à un Jacques Ellul, que celle-ci contribue aussi à libérer l'homme de contraintes avilissantes.

Cela conduira Mounier à explorer les rapports de l'humain avec la nature. Condamnant les dérives utilitaristes de l'homme dans sa relation au vivant, invitant à *« réapprendre le sens charnel du monde »*, il porte le fer contre l'idée de propriété, point d'orgue de l'individualisme, qui coupe du monde et conduit, par surcroît, à un accaparement répulsif d'autrui, le projetant dans une logique de l'avoir et l'éloignant de sa vie intérieure.

Jacques Le Goff montre combien *Esprit* a marqué ce que l'on nommera la « deuxième gauche », de Jacques Delors à Michel Rocard et Edmond Maire. À l'heure où la gauche s'effondre, la pensée de Mounier révèle l'une des causes fondamentales de son naufrage : l'oubli du fait qu'il n'est pas de visée politique sans visée sur l'homme. Le personnalisme est d'abord une attention au monde, et plus précisément à ceux que les systèmes sociaux excluent. En se laissant guider par les sirènes du marché, les politiques oublient qu'ils devraient avoir le bonheur comme but ultime. Pourquoi ainsi se référer au PIB comme unique évaluation de l'état d'une société ? Pourquoi se refuser à ces indicateurs de bien-être et de bien commun ? Mounier identifierait ici notre incapacité à réfléchir à hauteur d'homme. Lorsque Edmond Maire lance, à l'adresse des trotskistes de la CFDT au congrès de Brest, *« Camarades, sortez de vos sarcophages »*, il ne croit pas si bien dire. La conquête des droits peut perdre de vue les nécessaires solidarités et alimenter l'individualisme contemporain. Il est significatif que Michel Rocard ait mis l'accent sur la refonte indispensable du régime des retraites, et qu'aujourd'hui celle-ci demeure la mère des batailles, le danger étant de la réduire à une seule mesure paramétrique.

Au terme de ce parcours dans la pensée et l'action d'Emmanuel Mounier, Jacques Le Goff ne livre pas de recettes pour le monde de demain, mais il relaie la question décisive posée par le fondateur d'*Esprit*: *« L'homme va-t-il sombrer dans une médiocre satisfaction bourgeoise ou prendre appui sur cette libération matérielle pour un nouvel essor spirituel ? »* Si l'on veut bien sortir le mot « spirituel » de ses gangues fondamentalistes, on revient sans nul doute à la volonté première d'*Esprit* et de son fondateur : refaire la Renaissance.

**Jacques-Yves Bellay**

# Auteurs

***Stéphane Audoin-Rouzeau***
Directeur d'études à l'École des hautes études en sciences sociales, il est notamment l'auteur d'*Une initiation. Rwanda (1994-2016)* (Seuil, 2017).

***Isabelle Baraud-Serfaty***
Consultante en économie urbaine, maîtresse de conférences à l'École urbaine de Sciences Po, elle a notamment contribué à *Villes et territoires résilients* (Hermann, 2020).

***Jean-Pierre Chrétien***
Historien, directeur de recherches émérite du Centre national de la recherche scientifique, il est notamment l'auteur, avec Marcel Kabanda, de *Rwanda. Racisme et génocide* (Belin, 2013).

***Vincent Duclert***
Historien, chercheur titulaire à l'École des hautes études en sciences sociales et professeur associé à Sciences Po, il a présidé la commission de recherches sur les archives françaises relatives au Rwanda et au génocide des Tutsi et il est notamment l'auteur, avec Sophie Cœuré, des *Archives* (La Découverte, 2019).

***Antoine Garapon***
Magistrat, secrétaire général de l'Institut des hautes études sur la justice, il est notamment l'auteur de *Des crimes que l'on ne peut ni punir ni pardonner* (Odile Jacob, 2002).

***Joël Hubrecht***
Responsable du programme Justice pénale internationale à l'Institut des hautes études sur la justice, il est notamment l'auteur, avec Assumpta Mugiraneza, d'*Enseigner l'histoire et la prévention des génocides* (CNDP/Hachette, 2009).

***Jean-Baptiste Jeangène Vilmer***
Directeur de l'Institut de recherche stratégique de l'École militaire, il est notamment l'auteur, avec Julian Fernandez, des *Opérations extérieures de la France* (CNRS Éditions, 2020)

***Emmanuel Laurentin***
Historien et journaliste, producteur à France Culture, il est notamment l'auteur, avec Marc Ferro, de *Les Ruses de l'histoire* (Tallandier, 2021).

***Loïc Le Pape***
Maître de conférences en science politique, il est notamment l'auteur d'*Une autre foi* (Presses de l'université de Provence, 2015).

***Pierre Puchot***
Journaliste indépendant, il a notamment dirigé *Islam et politique* (Tempus Perrin, 2019).

***Olivier Roy***
Politologue, professeur à l'Institut universitaire européen, il est notamment l'auteur d'*En quête de l'Orient perdu* (Seuil, 2017).

***Vincent Tiberj***
Professeur à Sciences Po Bordeaux, chercheur au Centre Émile Durkheim, il est notamment l'auteur des *Citoyens qui viennent* (Presses universitaires de France, 2017).

***Fabien Truong***
Professeur de sociologie à l'université de Paris 8, il est notamment l'auteur de *Loyautés radicales* (La Découverte, 2017).

***Denis M. Tull***
Politologue, chercheur à l'Institut allemand pour les relations internationales (SWP).

***Thierry Vircoulon***
Consultant indépendant, chercheur associé à l'Institut français des relations internationales.

# esprit.presse.fr

**Louis Andrieu**
*Une autre France*

**Jean-François Bouthors**
*Jean-Luc Nancy, cœur pensant*

**Johanna Lenne-Cornuez**
*De la non-mixité à l'égalité*

**Vincent Duclert**
*Le bacille de la peste ne meurt jamais*

**Véronique Nahoum-Grappe**
*Le grand confinement des Afghanes*

**Élise Domenach**
*Cannes 2021 : Rêves d'une puissance invaincue du cinéma*

**Diane Roman**
*Entre ordre public et protection de la santé, le tour de passe-passe sanitaire*

**François Bon**
*Rendez-vous en cyberespace (vidéo)*

•

Directrice de la publication
Anne-Lorraine Bujon

Fabrication : Transfaire Sarl, F-04250 Turriers, 04 92 55 18 14
www.transfaire.com

Création de la maquette originale et illustration de couverture : Ip-3 / Olivier Marty

*Publié avec le concours du Centre national du livre*

Dépôt légal septembre 2021 – Commission paritaire 0722 D 81899
ISSN 0014 0759 – ISBN 978-2-37234-186-8

**n° 478, octobre 2021**

Achevé d'imprimer sur les presses de Corlet Imprimeur
ZI, rue Maximilien Vox
Condé-sur-Noireau
14110 Condé-en-Normandie

N° d'impression : 2012.0147

PEFC 10-31-1510 IMPRIM'VERT®

*Esprit* est membre du réseau des revues européennes *Eurozine* (www.eurozine.com)

# En librairie

## Quinze ans après l'assassinat d'Anna Politkovskaïa

En librairie le 7 octobre 2021
10 euros
ISBN : 978-2-36383-318-1

Le combat pour la liberté de la presse raconté à travers les portraits de quinze personnalités qui bravent le danger pour faire vivre, aujourd'hui, le journalisme indépendant en Russie.

{LES Petits matins}

Retrouvez notre catalogue sur www.lespetitsmatins.fr